P. FROMAGEOT

MADAME DU BARRY

De 1791 à 1793

D'APRÈS DES DOCUMENTS INÉDITS

REVUE DE L'HISTOIRE DE VERSAILLES ET DE SEINE-ET-OISE

VERSAILLES

LIBRAIRIE L. BERNARD, 17, RUE HOCHE.

1909

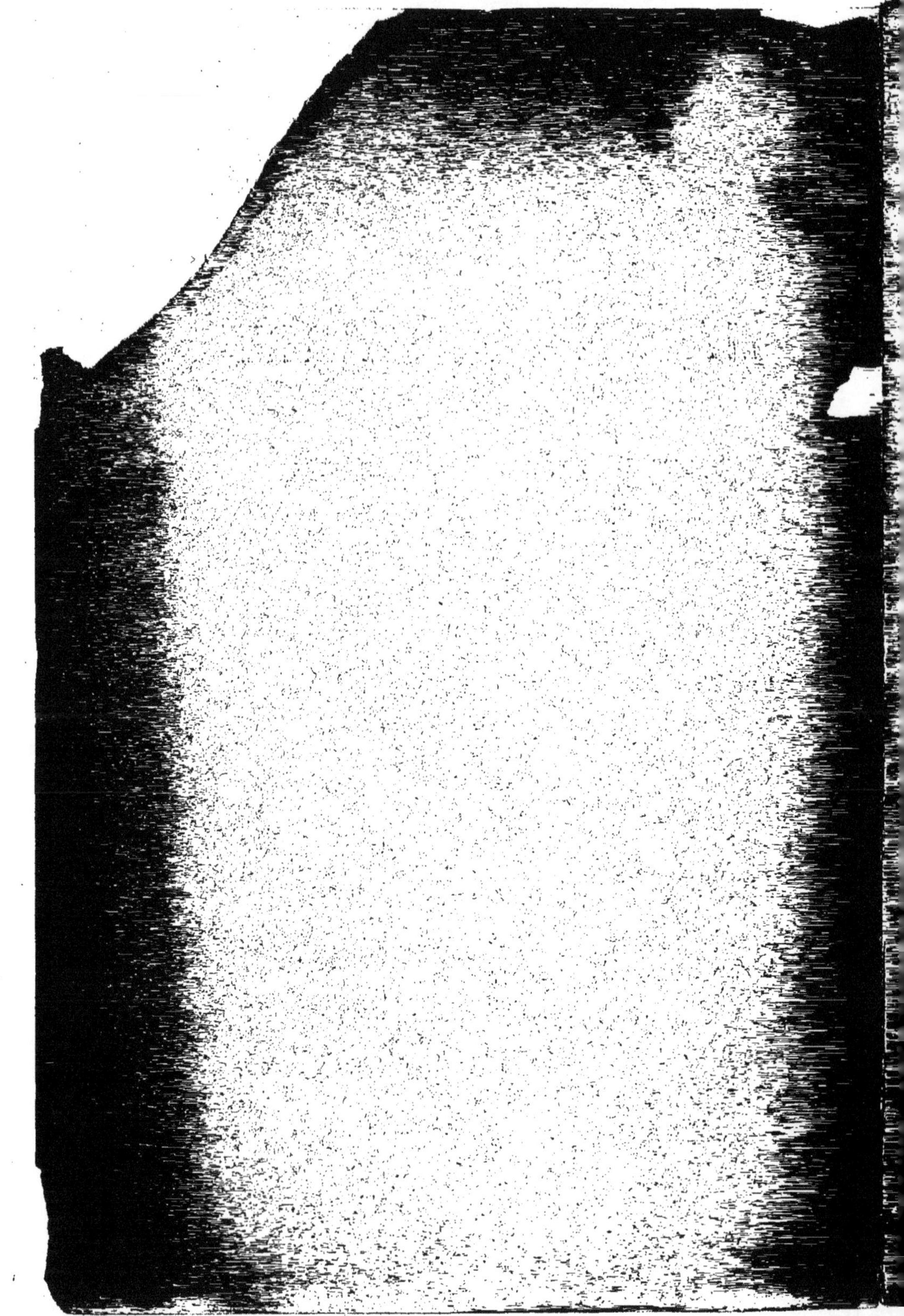

à Monsieur Le Senne
hommage cordial
P. Fromageot

MADAME DU BARRY

P. FROMAGEOT

MADAME DU BARRY

De 1791 à 1793

D'APRÈS DES DOCUMENTS INÉDITS

REVUE DE L'HISTOIRE DE VERSAILLES ET DE SEINE-ET-OISE

VERSAILLES

LIBRAIRIE L. BERNARD, 17, RUE HOCHE.

—

1909

MADAME DU BARRY

De 1791 à 1793

D'APRÈS DES DOCUMENTS INÉDITS

LE VOL DE SES BIJOUX. — SES RELATIONS AVEC LE DIRECTOIRE DU DÉPARTEMENT DE SEINE-ET-OISE.

L'éminent historien de Versailles, M. P. de Nolhac, mieux renseigné que personne sur les choses du XVIIIe siècle, écrivait en juin 1908, à propos d'un livre nouveau sur Mme Du Barry (1) : « *On n'a jamais su la vérité sur le fameux vol des diamants de Louveciennes...* », et ajoutait plus loin : « La complicité de Mme Du Barry avec les émigrés, qui était un crime nettement défini par les lois, *est tellement évidente* qu'on s'étonne qu'elle ait pu bénéficier si longtemps d'une indulgence aussi complète. On comprend l'irritation de ses dénonciateurs, tels que Greive et Blache, qui savaient *combien d'appuis secrets soutenaient la dame de Louveciennes parmi les administrateurs de Seine-et-Oise.* » Il y avait donc là des obscurités dans l'histoire de Mme Du Barry, et l'ouvrage, fort intéressant, qui venait de paraître, loin de les dissiper, en avait tiré des déductions inattendues. Or, dans un coin des Archives de Seine-et-Oise, se trouvent des documents ignorés jusqu'ici, bien que signalés en 1894 par l'excellent archiviste M. Coüard, qui font la lumière au moins sur deux points importants. C'est, d'une part, le dossier complet du procès suivi et jugé à Versailles contre les auteurs du vol de Louveciennes ; c'est, d'autre part, le Registre des délibérations du Conseil général et du Directoire de Seine-et-Oise en 1793.

(1) *Madame Du Barry, d'après les documents authentiques*, par Claude Saint-André (1 vol. ill., Emile-Paul, éditeur, 1908). — *Journal des Débats* du 10 juin 1908.

I

La première question qui se pose est celle-ci : Mme Du Barry a-t-elle été réellement victime d'un vol à Louveciennes en 1791, ou bien n'y a-t-il eu qu'une comédie imaginée, soit par elle, soit par d'autres, afin de lui donner prétexte de faire plusieurs voyages en Angleterre, et de lui permettre ainsi de faire passer des subsides aux émigrés, de se concerter avec eux en vue d'entreprises royalistes? — Cette seconde version fut, on le sait, apportée devant le Tribunal révolutionnaire par les quatre odieux individus acharnés à la perte de cette malheureuse femme, Greive, Blache, Salanave et Zamor. Elle fut naturellement adoptée par Fouquier-Tinville, et c'est ainsi que Mme Du Barry fut condamnée comme coupable d'émigration et de conspiration royaliste. La question fut ensuite controversée entre les historiens et resta indécise. Enfin, l'écrivain distingué qui, sous le nom de Claude Saint-André, vient de publier, d'après les plus sûres informations, semble-t-il, le beau volume dont M. de Nolhac a écrit la préface, paraît avoir admis le bien-fondé des accusations de Greive et autres. S'inspirant du gros ouvrage de Vatel (1), il a raconté d'abord, ainsi qu'il suit, les circonstances matérielles du prétendu vol (2) :

... Le jour de l'Epiphanie, M. de Brissac donnait une grande fête dans son hôtel de Paris; sa maîtresse y assistait et le duc la gardait jusqu'au lendemain. Des malfaiteurs en profitaient pour s'introduire chez elle; ils passaient par les jardins, et, à l'aide d'une échelle, atteignaient une fenêtre dont ils forçaient les barreaux et brisaient les vitres; *arrivés dans l'antichambre, ils s'emparaient de la cassette contenant les bijoux.*

Ce fut un vol extraordinaire, tel du moins qu'on le conta le lendemain dans le pays. *Le valet chargé de veiller sur le trésor avait découché, et le jeune soldat qui montait la garde la nuit, devant les grilles du château, quitté son poste. Ce suisse rouge, du détachement caserné à Courbevoie, suivit dans un cabaret des hommes inconnus qui le laissèrent en état complet d'ivresse.*

... L'auteur des *Révolutions de Paris* imprimait cette phrase, inquiétante à plus d'un titre, qui enregistrait les bruits courant Louveciennes et Marly : « On

(1) *Histoire de Mme Du Barry*, par Ch. Vatel (3 vol. in-8°, Bernard, éd., 1883).

(2) Claude Saint-André, *Madame Du Barry*, p. 237 et suiv.

Portrait de Mme Du Barry, par Mme Vigée-Lebrun. — 1780.
(Bibliothèque de Versailles.)

ne craint pas d'élever des doutes sur la réalité du vol ; la réduction considérable dont les revenus de ladite dame sont menacés lui a fait naître l'idée, dit-on, de se rendre intéressante en se donnant pour victime d'un événement fâcheux et en se procurant un titre à l'indulgence de l'inexorable Assemblée nationale. » *Dès le premier jour, l'incident parut donc suspect à l'entourage de Mme Du Barry. Ce fut l'opinion de beaucoup que le vol était feint*, et entre autres de Zamor et de Salanave, domestiques de la comtesse, qui déposeront dans ce sens devant le Tribunal révolutionnaire.

Puis, dans un chapitre intitulé : *Derniers jours d'une conspiratrice*, le même auteur fait connaître sa pensée personnelle sur les menées secrètes de Mme Du Barry, de la façon suivante (1) :

Mme Du Barry, toute brisée encore de douleur, partait pour l'Angleterre un mois après la triste fin de son ami (Brissac). *Le prétexte était toujours le vol des diamants, tout autres sans doute les raisons...*

Fut-elle un agent secret de l'émigration, comme ses ennemis l'en ont alors formellement accusée? a-t-elle été conspiratrice? Il lui était facile, dans ses voyages, de servir, entre autres choses, les espérances d'un parti, et de se prêter, femme intelligente et souple, aux menées contre-révolutionnaires. *Ses sympathies politiques bien connues, ses relations avec tant d'aristocrates, sa bonté attendrie trahiraient sa complicité, si les pièces qui composent son dossier criminel n'étaient pas des preuves autrement convaincantes.*

Ainsi les assertions de Greive et autres seraient justes, le vol de 1791 n'aurait été qu'un prétexte pour aller en Angleterre, et Mme Du Barry aurait joué le rôle d'une conspiratrice. Les circonstances matérielles du vol auraient été, d'ailleurs, bien suspectes : les voleurs, aussitôt introduits *dans l'antichambre*, y auraient trouvé la cassette contenant les bijoux et n'auraient eu qu'à l'emporter ; le valet de chambre aurait découché et le jeune soldat chargé de la garde extérieure du château serait allé dans un cabaret éloigné, s'enivrer avec des inconnus.

Voyons maintenant les constatations du dossier judiciaire déposé aux Archives de Seine-et-Oise, et déjà sommairement analysées par M. Coüard dans un article publié en 1894 (2). Il est reconnu que, le 10 janvier 1791, Mme Du Barry était partie à Paris pour y assister à la fête donnée par le duc de Brissac ; il est certain aussi qu'elle avait prévenu ses gens qu'elle ne revien-

(1) Claude Saint-André, *Madame Du Barry*, p. 257 et suiv.

(2) *Le Vol des diamants de Mme Du Barry*, par Coüard (*L'Art*, numéro du 1er janvier 1894, p. 53 à 60).

drait pas coucher à Louveciennes, car elle avait emmené avec elle sa femme de chambre et d'autres domestiques. Ceux restés au château connaissaient donc d'avance l'absence prévue de leur maîtresse. Mais il est inexact, comme on va le voir, que le valet de chambre ait découché et que le garde suisse ait abandonné son poste. Comment le vol a-t-il été découvert? Le 11 janvier, à sept heures du matin, le garçon de cour Béguin, levé le premier, est surpris de voir une échelle dressée du côté du jardin, devant une des fenêtres de la chambre à coucher de la comtesse. Il s'empresse d'aller réveiller et avertir le valet de chambre Morin, qui l'envoie de suite quérir le suisse de la porte, Girardin, détenteur des clés de la maison. Tous trois pénètrent au premier étage, et voici leurs déclarations faites plus tard, sous serment, devant le président du Tribunal du district de Versailles (1) :

Charles Béguin, 31 ans, garçon de fourrière chez la dame Du Barry...

Le 11 janvier dernier, vers les sept heures du matin, il s'est aperçu qu'il y avait une échelle près de la croisée de la chambre à coucher de la dame Du Barry; il a été en avertir le sieur Morin, valet de chambre, lequel l'a envoyé chercher le sieur Girardin, suisse; il est monté avec eux dans la chambre, où il a vu les dégâts commis.

Jean-Pierre Girardin, 36 ans, suisse de porte chez Mme Du Barry...

Le 11 janvier dernier, vers sept heures du matin, le nommé Béguin, garçon de cour, vint le réveiller et lui demanda s'il n'avait pas entendu du bruit dans la nuit; il dit que non; Béguin lui dit qu'il y avait une échelle près de la croisée de la chambre à coucher de la dame Du Barry; il est alors sorti dehors, a été voir dans le jardin, a fait visite autour de la maison et est monté dans cette chambre; il a aperçu que la commode avait été fracturée, que les porcelaines qui étaient ordinairement dessus étaient par terre et que les tiroirs étaient vides, et que les diamants de la dame Du Barry étaient volés, observant qu'il a su que c'étaient les diamants d'après ce que lui a dit la fille de garde-robe de la dame Du Barry.

Denis Morin, 46 ans, valet de chambre de Mme Du Barry...

Le 11 janvier, vers sept heures du matin, le nommé Béguin, garçon de cour, est venu le réveiller en lui annonçant qu'il avait vu une échelle dressée près la fenêtre de la chambre à coucher de Mme Du Barry donnant sur le jardin, et des feuilles de la persienne de ladite fenêtre brisées; le déclarant a dit au sieur Béguin d'aller prévenir le suisse pour qu'il ouvrît la porte de ladite chambre; il s'est de suite transporté à ladite chambre, où il a trouvé le suisse qui venait d'ouvrir les portes; il a aperçu en entrant dans ladite chambre que la commode de porcelaine était fracturée en divers endroits, que son

(1) Archives de Seine-et-Oise, Dossier Du Barry.

dessus de marbre était posé par terre et que ses tiroirs étaient pareillement à terre, que les porcelaines qui étaient posées d'habitude sur ladite commode étaient placées à terre, dans l'embrasure d'une croisée; le déclarant a sur-le-champ envoyé chercher la municipalité de Louveciennes et la maréchaussée de Nanterre.

La maréchaussée, prévenue ainsi sans retard, arrive dans la matinée même, et le maréchal des logis rédige immédiatement un procès-verbal très circonstancié, avec le concours des deux gendarmes venus avec lui et de deux notables de la commune spécialement assermentés pour procéder aux instructions criminelles. Ce document authentique mérite d'être rapporté intégralement, sauf à en rectifier quelque peu l'orthographe pour la commodité du lecteur :

L'an 1791, le 11 janvier au matin, nous, Pierre-Louis Campion, maréchal des logis de la compagnie de maréchaussée de l'Isle-de-France, et commandant la brigade à la résidence de Nanterre, d'après l'avis que nous avait fait donner le sieur Denis Morin, valet de chambre de Mme Du Barry, à Louveciennes, qu'il s'était commis la nuit dernière un vol avec effraction extérieure et intérieure dans la maison de ladite dame Du Barry, *qui était absente depuis hier pour aller coucher à Paris.* Nous sommes transporté, accompagné des nommés André Genty et Alexandre Lasalle, cavaliers de notre brigade, audit Louveciennes, dans la maison de ladite dame Du Barry, qui alors n'était pas encore rentrée chez elle. Où étant, et assisté des sieurs Etienne Bonnet et Etienne Colombes, notables adjoints assermentés à la municipalité de Louveciennes pour les procédures criminelles, et cavaliers susdits, ledit sieur Morin nous a déclaré que, pendant la nuit dernière, des voleurs inconnus avaient escaladé le mur du jardin du côté de la montagne dite de la Princesse, avaient éboulé le chaperon dudit mur, et, à l'aide de deux échelles qu'ils ont liées au bout l'une de l'autre avec de la ficelle, dont une desdites échelles était dans le jardin, l'autre, qui est une échelle de fruitier qui n'a pas été reconnue, a été vraisemblablement apportée par les voleurs, ont monté à une croisée de la chambre à coucher de ladite dame Du Barry, *qui est à un premier étage très élevé*, ont effractionné cette croisée pour lever l'espagnolette et s'introduire dans ladite chambre, dans laquelle ils ont brisé *une commode d'un très grand prix*, et *volé dans ladite commode, ainsi que dans un secrétaire qui était à côté*, des diamants et autres bijoux que ledit sieur Morin ne peut nombrer ni apprécier, attendu l'absence de sa maîtresse qui seule en connaît la valeur; qu'ils ont aussi volé, sur la cheminée de ladite chambre, deux girandoles d'or formant flambeaux, sur lesquelles sont deux tourterelles en argent, sous les tourterelles est une égide avec un cœur plaqué sur le milieu, le pied des girandoles en sert de colonnes de lapis-lazuli, et, sur son socle, est gravé le nom de Durand; plus un portrait de Louis XV dans sa jeunesse, formant médaillon en or et en émail, un étui en or émaillé ayant d'un bout un cachet aux armes de Mme Du Barry, et de l'autre une montre entourée de diamants, sur le cadran le nom de Romilly, dans ledit étui un cure-oreilles d'or, et, dans une garde-robe à côté de ladite chambre, deux flambeaux de toilette d'argent et armoriés.

D'après laquelle déclaration, nous, maréchal des logis susdit, toujours accompagné dudit sieur Morin, desdits sieurs adjoints et cavaliers, nous avons procédé à l'examen des différentes effractions faites dans la chambre de ladite dame Du Barry, et nous avons vu, à la première croisée en entrant à gauche, que neuf lames de la persienne ont été brisées, un grand carreau de glace cassé. *Nous avons vu et remarqué dans ladite chambre une commode à panneaux de porcelaine presque totalement brisée*, et, *sur les différents tiroirs et portes de ladite commode, neuf pesées qui, par les empreintes, nous ont paru avoir été faites avec un instrument de fer pointu dont nous avons trouvé un morceau cassé* dans ladite commode, duquel morceau nous nous sommes chargé pour le déposer au greffe de notre juridiction. *Nous avons vu dans ladite chambre une grande quantité de papiers épars çà et là*. Nous nous sommes ensuite transporté, avec les susnommés, dans le jardin, où nous avons vu les échelles liées ensemble qui étaient encore adossées contre le mur de la croisée par où ils se sont introduits, et reconnu que l'échelle étrangère à la maison a été coupée par le haut et le bout par terre, et enfin nous avons remarqué qu'à l'endroit du mur de terrasse par où il est à présumer que les voleurs ont passé pour entrer et ressortir, il y avait sur le chaperon deux pieds d'éboulement.

Dont et de tout ce que dessus et des autres parts, nous avons, lesdits mois et an, dressé le présent procès-verbal que nous avons signé avec ledit sieur Morin, lesdits sieurs adjoints et cavaliers, pour servir et valoir ce que de raison.

Signé : D. MORIN, BONNET, COLOMBES, LASALLE, GENTY, CAMPION.

La sincérité de ce procès-verbal est évidente, et les détails qu'il contient, ainsi que les déclarations des trois domestiques, Morin, Béguin et Girardin, ne permettent pas, dès à présent, de douter de la réalité du cambriolage opéré dans la nuit du 10 au 11 janvier 1791. Les traces certaines d'escalade et d'effraction, le désordre de la chambre où tous les papiers de la comtesse étaient jetés épars sur le plancher, les empreintes de pesées faites sur une superbe commode de grand prix presque entièrement brisée, la disparition de tous les objets d'or ou d'argent, en outre des diamants et bijoux, tout cela ne pouvait être une simple comédie. Quant au valet de chambre Morin, on voit qu'il n'avait pas découché.

II

Quelle va être à ce moment la conduite de Mme Du Barry? Cherche-t-elle à éviter les recherches de la police? à ne pas faire connaître le détail et l'importance des objets disparus? — Au contraire. Elle convoque son notaire pour se renseigner sur les démarches à faire, son joaillier pour dresser l'état exact, avec l'estimation, des bijoux volés, et adresse tout de suite une plainte au sieur Perron, administrateur de la police. En même temps, dès le lendemain du vol, le 12 janvier, elle fait parvenir au maréchal des logis Campion une première liste provisoire des diamants, dont Morin, en l'absence de sa maîtresse, n'a pas pu donner l'indication. Campion en dresse immédiatement un procès-verbal qu'il annexe à celui de la veille. C'est une énumération fort longue, contenant de minutieux et amusants détails sur certains points, puis insuffisante et approximative sur d'autres. En voici seulement quelques mentions, le début et la fin :

Une paire de girandoles *en diamants très gros*, deux boutons d'oreilles en diamants pesant *environ* 100 grains, deux bracelets entourés de 24 diamants chacun, pesant de 15 à 16 grains, le fond du bracelet est une émeraude surmontée d'un chiffre ordinaire *formé de deux L*, et *l'autre d'un D et B...*, un petit saphir gravé *représentant un amour qui fouette des papillons*, avec deux petits diamants à côté, un ruban de diamants composé de huit bouffettes, dont les pierres du milieu sont de 8 à 10 grains et les autres de 5 à 6 grains, un collier de 24 chatons pesant de 15 à 20 grains chacun, une paire de boucles de souliers composées de 44 pierres chacune..., une croix dite *Jeannette*... une rose en diamants très bien montée..., *un fil de 200 perles formant esclavage*, dont il y a un diamant de 22 grains au milieu, et un gland de diamants avec son nœud et des franges au bout..., une bourse bleue en filet, ornée de deux glands de diamants et émeraudes, dont il y a un diamant carré de 60 grains au milieu..., deux boucles d'oreilles de coque de perle avec deux diamants au bout, une paire de boutons de manche d'homme, l'un composé d'un diamant bleu et diamant jaune, l'autre d'un rubis et d'une émeraude entourée de petits brillants de 3 à 4 grains..., *un baguier de 20 à 25 bagues* composé de pierres gravées, dont un diamant puce, une émeraude en cœur, un portrait gravé de Louis XIV vieux, *une écritoire de vieux laque superbe* enrichie d'or et formant nécessaire, tous les ustensiles en or, *deux souvenirs*, l'un en laque rouge et l'autre en laque à figures, montés, l'un en or et l'autre en émail et or, *une superbe paire de girandoles de trois gros diamants parfaits entourés de petits*, une bague montée en cage de 30 grains.

Dont acte, lesdits jours, mois et an, pour servir et valoir ce que de raison.

Signé : CAMPION.

La rédaction de cette nomenclature, très incomplète et imprécise, prouve qu'elle n'avait pas été préparée d'avance et exclut encore le soupçon d'une fiction imaginée par Mme Du Barry. On va voir maintenant se dérouler la suite de l'affaire.

Le 14 janvier, l'administrateur de la police Perron répond à la plainte de Mme Du Barry en lui adressant le sieur d'Angremont, chef du bureau militaire de l'Hôtel de Ville de Paris (1), chargé de faire, sur place, toutes enquêtes et perquisitions utiles.

Le 18 janvier, le procureur de la commune de Louveciennes requiert qu'il lui soit donné acte de la plainte qu'il forme à raison des faits contenus aux procès-verbaux, et qu'il en soit ouvert une information, ce qui est fait le jour même.

Enfin, sur le conseil et avec le concours du sieur d'Angremont, de son notaire et de son joaillier, Mme Du Barry fait publier qu'elle donnera 2,000 louis de récompense à qui lui rapportera ses bijoux. Une petite annonce est imprimée à cet effet, contenant, en plusieurs pages, la liste complète et la description précise de tous les diamants et objets volés, avec cet en-tête alléchant :

DEUX MILLE LOUIS A GAGNER

Et récompense honnête et proportionnée aux objets qui seront rapportés.

Il a été volé chez Mme Du Barry, au château de Louvecienne, dit Lucienne, près Marly, dans la nuit du 10 au 11 janvier 1791, les diamans et bijoux ci-après :

Diamans sur papier :

Un brillant blanc pesant 29 grains.
Un brillant blanc pesant 25 grains...
Etc...

Diamans montés et bijoux d'or :

Une bague d'un très beau brillant d'or...
Etc...

S'adresser à Lucienne, chez Mme Du Barry, et, à Paris, chez Me Rouen, no-

(1) Archives nationales, W 16, 701 (Welschinger, *Les Bijoux de Mme Du Barry*, Appendice, p. 88).

taire, rue des Petits-Champs, chez M. D'Angremont, rue de la Victoire, 37, à M. Rouen, marchand orfèvre-joaillier, rue Saint-Louis-au-Palais, et au clerc du bureau des Orfèvres, rue des Orfèvres.

Cette annonce de petit format est envoyée, en France et à l'étranger, à tous les bureaux de police et à tous les marchands de diamants et bijoux.

Un mois se passe sans aucune découverte. La police parisienne s'égare sur de fausses pistes. Mais, le 15 février, Mme Du Barry reçoit d'un sieur Nathaniel Parker Forth, se disant magistrat à Londres, l'intéressante communication que voici. Un grand marchand de diamants de Londres, nommé Lion, dit Simon, avait reçu, le 8 février, la visite de deux inconnus qui lui avaient offert des diamants superbes à un prix dérisoire. Il avait accepté d'en acheter pour 1,500 livres sterling, en leur demandant s'ils en avaient d'autres et leur disant de revenir le lendemain. Mis en défiance par les allures de ces individus, Lion avait comparé ces diamants avec ceux décrits dans la circulaire de Mme Du Barry et en avait reconnu l'identité. Ayant prévenu de sa découverte le sieur Parker Forth, celui-ci avait, le lendemain 9 février, fait arrêter, au moment où ils se présentaient chez Lion, les deux vendeurs de diamants, ainsi que trois autres personnages suspects qui les accompagnaient. Ces cinq individus, dont quatre juifs allemands et un Français, trouvés nantis d'une grande partie des diamants volés, avaient été immédiatement écroués à la prison de la Cité, et les diamants avaient été déposés chez les banquiers Ranson-Morland and Hammerfly.

Au reçu de ces nouvelles, Mme Du Barry demande de suite un passeport pour Londres et, le 16 février, part précipitamment, accompagnée de son joaillier Rouen, du chevalier d'Escourre, ancien militaire, son fidèle écuyer, et de quatre domestiques. Quatre ou cinq jours après, elle est à Londres, en rapports avec Parker Forth.

Ici surgit une objection : quel était exactement ce magistrat anglais? et quel rôle a-t-il joué dans l'affaire? — On a dit que c'était un agent politique, qui, dès le début de la Révolution, était venu faire de l'espionnage en France, ce qui rendrait suspecte sa présence auprès de Mme Du Barry. Une lettre de M. de la Luzerne le signalait en 1789 comme un « agent subalterne » remuant et dangereux. Mais, quoi qu'il en fût, en 1791, il prenait, dans des pièces officielles, la qualité de magistrat du comté de Middlesex et juge de paix de Sa Majesté Britannique. D'autre part, il est certain que c'est le joaillier Lion qui s'est adressé à lui pour arrêter les voleurs, ce qui fut fait. Il n'y a donc pas lieu d'imputer à Mme Du Barry l'intervention de ce personnage. Ce Forth étant d'ailleurs policier en même temps que magistrat, ayant séjourné en France, sachant sans doute la langue française, il n'est pas très étonnant que Lion ait pensé à lui pour la recherche de voleurs français. L'autre, à son tour, ne pouvait manquer d'être séduit par la perspective d'une affaire importante et d'une cliente de marque. Aussi s'empressa-t-il de se mettre en relations avec Mme Du Barry, de lui recommander de venir de suite à Londres et d'être le premier à l'accueillir à son arrivée. Enfin, la comtesse dut être enchantée d'accepter le concours d'un homme se disant magistrat et parlant français.

En débarquant, Mme Du Barry apprenait tout de suite de Forth un fait important. Il avait obtenu d'un des cinq individus emprisonnés des aveux complets. C'était un nommé Joseph Harris, dit Abraham. Forth l'avait amené devant le très honorable Jean Boydell, lord-maire de la ville de Londres, et, à la date du 15 février, Harris avait fait, sous serment, la longue déclaration suivante, en présence de ce haut magistrat, de Parker Forth et d'un sieur Edouard Allen :

Ledit Haris dit que Jean-Baptiste Levet est le premier qui a projeté le vol de Mme Du Barry; qu'il y a environ six à huit semaines que ledit Levet est venu chez le sieur Simon Joseph, qui demeure hôtel d'Orléans, à Paris, et a dit audit Simon qu'il avait trois grands vols à faire où il trouverait beaucoup d'argent avec son assistance. Il lui a dit qu'il y avait beaucoup d'argenterie et beaucoup de diamants. Ils n'étaient qu'eux deux ensemble pour lors. Ensuite, Simon est venu à son logement, hôtel du Canada, rue Saint-Martin, et lui a fait part de la conversation qu'il venait d'avoir avec Levet. Alors, Simon, Levet et Haris ont été le même jour chez Mme Du Barry pour reconnaître le local; après l'avoir reconnu, ils sont revenus à Paris, ils se sont séparés, mais ils étaient convenus que, deux ou trois jours après, ils exécuteraient le projet de voler Mme Du Barry. Le lendemain, ils se sont rendus tous les trois dans la maison de Simon, ils n'étaient absolument qu'eux trois; mais, un jour ou deux avant le vol, Jacob Moyse et Joseph Abraham ont été joindre les autres trois, aucune autre personne ne s'est jointe à ces cinq personnes jusqu'à ce que le vol ait été fait. Tous les cinq se sont assemblés, sur les neuf heures du soir, dans un cabaret à Paris, c'était le lundi; ils se sont rendus à pied chez Mme Du Barry, ils sont arrivés vers les onze heures et demie, ils ont traversé la montagne et trouvé dans un champ une échelle appartenant à un jardinier, qui était enchaînée à un arbre et fermée avec un cadenas. Ils ont vu cette échelle par hasard et ils étaient bien proche de la maison avant de l'avoir aperçue. Ils ont cassé le cadenas et pris l'échelle avec eux; ils étaient si près qu'ils n'ont mis qu'environ six minutes pour arriver à la maison, la nuit était fort obscure; avec l'échelle, ils se sont portés au mur du jardin de Mme Du Barry, ils ont abattu une partie de la muraille par laquelle ils sont entrés dans le jardin; alors ils ont adossé leur échelle contre une des croisées du derrière de la maison, ils ont d'abord cassé la jalousie, et ensuite cassé le carreau, et ils sont entrés dans la maison. Notez que Jacob Moyse, Simon et Haris ont entré dans la chambre, que Levet a resté derrière la muraille du jardin, et que Moyse Abraham est resté au bas de l'échelle; ils avaient deux pistolets chargés. Haris en avait un et Simon avait l'autre; ils n'avaient ni sabre, ni couteau de chasse, ils avaient apporté une bougie avec eux, qu'ils ont allumée avec une pipe allumée qu'ils avaient dans leur poche. Dans cette chambre, nous avons trouvé presque tous les effets. M. Levet nous a particulièrement chargés d'aller dans cette chambre premièrement; nous avons trouvé sur la cheminée *une petite montre dans un étui*, sur l'étui des armes, nous avons ouvert *un petit bureau* où nous avons trouvé *quelques diamants épars* et *plusieurs petits portraits*. Après cela, nous avons cherché *une petite table de porcelaine entourée d'or; dans un des tiroirs de cette table nous avons trouvé tous les diamants, dans un autre tiroir nous avons trouvé les perles;* nous n'avons rien trouvé de plus dans cette chambre, excepté *deux chandeliers d'or* que nous avons vendus à Paris, au négociant Philippe Joseph, marchand domicilié rue Saint-Martin, avec plusieurs autres petits articles que nous avons cassés en morceaux. Cette chambre était *une chambre à coucher;* de là nous avons entré dans une autre chambre de derrière où nous avons trouvé une paire de chandeliers d'argent; dans la chambre à coucher, nous avons trouvé *une bourse bleue* à argent *avec des coulants de diamants,* nous n'avons pas trouvé de montre d'or, nous avons trouvé *des boutons de manche de diamants*, nous n'avons pas trouvé une chaîne de montre composée d'émeraudes et de diamants. Nous avons trouvé *une grande écritoire de vieux Japon montée avec tous ses ustensiles en or*, et une boîte de cristal couverte d'une double boîte travaillée à jour que nous avons cassée en morceaux. Nous avons trouvé une guinée anglaise; nous avons vendu plusieurs articles et une pièce d'or au sieur Philippe Joseph. Nous avons cassé les lunettes d'opéra, et, de cette chambre, nous sommes sortis de la maison. J'ai mis tous les effets dans un petit sac que j'avais apporté de ma maison, nous nous sommes aidés tous à porter le sac en revenant. Nous avons d'abord été chez le sieur Levet, et nous y sommes arrivés vers les sept heures du matin; nous ne nous sommes guère quittés ce jour-là, le sieur Simon a gardé tout ce jour-là tous les effets. L'or a été brisé dans le courant de la journée, nous avons tous et un chacun brisé plusieurs pièces que nous avons vendues pour 2 louis 1/2 l'once. Le tout a été vendu pour 140 louis d'or. Le second jour après le vol, l'or a été vendu, et alors il ne nous en restait plus. L'argent a été partagé également entre nous. Simon a gardé le reste des effets jusqu'à mercredi; le vol a été fait le lundi d'auparavant.

Nous nous sommes trouvés tous les cinq ensemble le mercredi l'après-midi sans autre personne qu'une femme, et alors nous avons partagé les diamants en cinq petites boîtes, les perles étaient mises dans une boîte avec les diamants. Les diamants furent partagés les premiers; nous tirâmes au sort les boîtes de diamants; les perles ont été tirées au sort comme les diamants. Nous sommes convenus qu'ils ne pouvaient pas être vendus en France, nous les avons seulement partagés pour notre sécurité réciproque. Nous sommes convenus de sortir de Paris quand tout serait tranquille; nous nous sommes trouvés tous les jours ensemble, tantôt dans une maison, tantôt dans une autre. Aucun diamant n'a été mis en vente qu'en Angleterre. J'ai laissé mon porte-manteau à Lille, chez M. Morel, commissionnaire, aussi bien que mon cheval qui est alezan et à tous crins. Le cheval de Jacob, qui est bai et à courte queue, y est aussi. Nous avons ouvert les diamants pour la première fois à Lille, alors nous les avons mis dans deux ceintures creuses; nous les avons cachetés là, et nous ne les avons plus ouverts jusqu'à ce que nous ayons été à Londres.

Levet avait une ceinture et Simon l'autre. Personne n'attendait notre arrivée. La première chose que j'ai faite, c'est de demander l'adresse de mon frère; j'en ai trois à Londres, un demeure *en petit colletin* et tient une boutique de vieille ferraille; je ne puis pas dire où les autres demeurent. J'ai trouvé mon frère Henry Abraham, je lui ai dit qu'un seigneur venait d'arriver qui avait des diamants à vendre. Je lui ai demandé s'il pourrait me procurer quelqu'un pour les acheter; il m'a demandé où il était logé, je lui ai dit aux *Clefs croisées;* il n'est pas venu cette nuit, mais il est venu le lendemain. Nous n'avons ouvert nos paquets que le mardi matin. Mon frère m'a demandé si je ne connaissais personne pour acheter un paquet de diamants, me disant qu'il ne connaissait personne en particulier, mais qu'il s'en informerait; il a dit qu'il a été chez M. Gozdsmith qui l'a adressé à M. Simon. M. Simon lui a dit de revenir le lendemain. Toutes les pierres ont été démontées à l'auberge des *Clefs croisées.* J'ai apporté moi-même l'eau-forte; il y avait dix bagues au feu, il n'y avait pas de gros diamants; il n'y a pas plus de trois mois que je connais Levet, il m'a dit qu'il était *intimement lié chez Mme Du Barry.* Nous n'avons pris aucun compte particulièrement des effets, les perles n'ont jamais été touchées, et vous pouvez compter que tous les diamants sont pleinement recouvrés, excepté l'or qui a été vendu; aucunes des montres trouvées sur nous n'ont été prises chez Mme Du Barry.

(*Signé*) Joseph Harrys.

Juré devant moi, à Londres, les jour et an ci-dessus.

(*Signé*) Jean Boidel, maire.

Présents à l'examination :

(*Signé*) Nathaniel Parker Forth et Edouard Allen.

Malgré les incorrections, les lacunes et aussi les réticences probables de cette déclaration faite partie en anglais, partie en mauvais français, elle explique suffisamment toutes les circonstances du vol du 10 janvier et la conduite postérieure de ses auteurs. Elle se trouve d'ailleurs, par divers détails, pleinement confirmée par les constatations des procès-verbaux et des dépositions des témoins.

Sur le conseil et par l'entremise de Forth, Mme Du Barry se fit délivrer une expédition authentique, traduite en français, de cette pièce qui fut intitulée : *Examination volontaire de Joseph Haris, autrement dit Abraham, prisonnier dans le comptoir, prise sous serment le 15 février 1791 devant le très honorable Jean Boydell, lord-maire de la ville de Londres.* Puis, accompagnée de Forth qui, profitant de la bonne aubaine, ne quittait plus la comtesse, elle était revenue bien vite en France. Dès le 6 mars, la précieuse *examination* était remise, probablement par les soins de Forth, à l'administrateur de la police Perron, qui, lui-même, en transmettait une copie dûment certifiée au Tribunal du district de Versailles, seul compétent pour les poursuites à exercer. Le procureur de la commune de Louveciennes invitait en conséquence Mme Du Barry à réitérer régulièrement sa déclaration devant ce tribunal, et elle s'empressait, le 15 mars, de le faire.

III

Une longue et minutieuse instruction se suit alors. Les explications de Joseph Harris faisant peser de graves soupçons de complicité sur le nommé Philippe Joseph, marchand juif de la rue Saint-Martin, à Paris, le commissaire de police de la section de la Bibliothèque est chargé de faire une enquête de ce côté. Il recueille le 30 avril une intéressante déposition d'un sieur « Moyse Abraham, juif de nation, marchand de cordons et de lunettes », lequel déclare que, faisant habituellement les commissions de Philippe Joseph, il a vu souvent chez celui-ci les nommés Simon Joseph, Joseph Harris, autrement dit Abraham, Jacob Moyse et Joseph Abraham. Le même témoin ajoute que le 10 janvier, vers huit heures du soir, il a aperçu les susnommés réunis avec la femme de Philippe Joseph dans une pièce retirée, mais que la servante l'a de suite renvoyé au lendemain en lui disant qu'ils étaient *en affaires*. Le lendemain matin, *sur les neuf heures*, le témoin étant revenu, aperçut de nouveau les mêmes susnommés causant avec animation; la femme de Philippe Joseph vint le trouver et lui dit de revenir dans une demi-heure en lui faisant cadeau de 24 sols. Quand il revint pour la troisième fois, les individus en question étaient partis, mais la femme Philippe Joseph et sa servante « étaient en belle humeur ».

Sur cette déposition, le 10 mai, Mme Du Barry charge un sieur Ricadat, secrétaire de M. de Brissac, de requérir en son nom l'arrestation de la femme et de la servante de Philippe Joseph comme « véhémentement suspectées de complicité du vol » du 10 janvier. Et, dès le lendemain, 11 mai, ces deux femmes sont conduites à la prison de l'Abbaye. Toutes deux sont des juives allemandes qui ne parlent pas français, et le commissaire qui les interroge, les 12 et 13 mai, est forcé d'avoir recours à un interprète. La femme de Philippe Joseph, nommée Sipora, âgée de soixante ans, nie obstinément tout ce qu'a rapporté le témoin Moyse Abraham. Elle reconnaît qu'elle loge et héberge beaucoup de juifs, mais prétend ne pas connaître leurs noms. La servante, surnommée en français Gothon, affirme aussi ne rien savoir de ce qu'on lui dit. Le commissaire a beau les presser de questions, leur prouver qu'elles se contredisent elles-mêmes, qu'elles mentent effrontément, — il n'en peut rien tirer. Le 17 mai, on fait une perquisition chez Philippe Joseph, qui est toujours absent, parti, dit-on, à Bruxelles depuis le mois de décembre, à la poursuite d'un de ses clients. Le commissaire découvre dans un tuyau de cheminée une boîte en fer-blanc contenant 24,000 livres en assignats. La femme Sipora, présente à la perquisition, est interpellée sur la provenance de cette somme. Elle répond que son mari a gagné à la loterie, puis elle explique qu'il a fait un bénéfice de 200 louis sur des galons d'or achetés de la gouvernante d'un seigneur, laquelle voulait aussi lui vendre une montre d'or enrichie de diamants. Le 19 mai, nouveaux interrogatoires des deux inculpées, sans grand résultat.

La police parisienne entend encore comme témoins plusieurs autres marchands juifs fréquentant la maison de Philippe Joseph, mais on n'en obtient aucuns renseignements précis. Il est seulement établi que c'est le lieu de réunion de nombreux juifs allemands, et qu'on y fait toutes sortes de négoces. Il paraît prouvé, en outre, que le sieur Philippe s'est réellement absenté de Paris depuis la fin de décembre 1790 et n'a pu être complice du vol du 10 janvier. L'enquête traîne en longueur. Mme Du Barry s'en impatiente, et, le 8 juin, elle adresse, encore par l'entremise du sieur Ricadat, une nouvelle supplique à M. le Prévôt. Sur ses instances, le dossier est transmis à l'accusateur public près le Tribunal du district de Versailles, et, le 26 septembre, ce magistrat requiert d'instruire judiciairement. A cette même date, le Tribunal rend un premier jugement ordonnant qu'une information soit faite par M. Joseph-Henry La Salle, juge faisant fonctions de président, « contre les auteurs, fauteurs et complices du vol de diamants, bijoux et effets, fait à Mme Du Barry, en sa maison à Louveciennes, et contre les acheteurs et recéleurs d'objets dépendant dudit vol ».

Le premier soin du juge instructeur est d'aller sur place vérifier par lui-même l'exactitude des constatations de la gendarmerie. Le mercredi 5 octobre, à dix heures du matin, il est à Louveciennes, accompagné de Joachim Thibout, greffier en chef du Tribunal, et des sieurs Bonnet et Colombelle, bourgeois de la commune, adjoints nommés par la municipalité pour l'instruction des procédures criminelles, ayant déjà concouru au procès-verbal du 11 janvier. Ils sont reçus au château, non par Mme Du Barry, absente ou non encore visible à cette heure matinale, mais par Denis Morin, le valet de chambre, et Béguin, le garçon de cour, qui renouvellent leurs explications déjà connues. M. La Salle relève les traces d'escalade et d'effraction signalées précédemment, en y ajoutant quelques détails :

> Nous avons vu en outre, dit-il, dans ladite chambre une commode à panneaux de porcelaine presque entièrement brisée dans ses différentes parties de fermetures. Avons aussi remarqué que le dessus de la commode en bois de chêne était brisé et éclaté dans toute la longueur de la face, et avons vu les trois éclats à terre couverts de la garniture de cuivre doré; que la porte du milieu de la face de ladite commode et celle à droite à côté ainsi qu'un tiroir au-dessus de cette dernière, le tout construit en bois de chêne recouvert en dehors de tableaux de porcelaine et en dedans en bois de marqueterie, avaient été arrachés de leur place et brisés en divers endroits, et que les garnitures de cuivre doré sont enlevées, cassées et faussées.

On reconnaît de nouveau, ici, les marques habituelles du passage de voleurs professionnels brisant tout pour découvrir les objets de valeur dont ils supposent l'existence.

Aussitôt après cette perquisition, Mme Du Barry, ainsi que tous les témoins, y compris Parker Forth, sont cités à comparaître devant le juge instructeur. Ici, un détail amusant. Au reçu de cette citation, Mme Du Barry adresse « à M. *De* la Salle » la lettre suivante, datée de « Luciennes, le 6 octobre 1791 » :

Une indisposition qui me retient ici, Monsieur, m'empêche de me rendre auprès de vous pour vous faire ma déclaration relativement au vol qui m'a été fait au mois de janvier dernier.

Comme il est aussi instant qu'intéressant pour moi, Monsieur, de donner à cette affaire une suite que les différents voyages qu'elle m'a forcé de faire à Londres ont retardée jusqu'ici, vous m'obligeriez essentiellement, Monsieur, si vous pouviez vous transporter à Luciennes pour y recevoir ma déclaration.

Recevez d'avance, Monsieur, toutes mes excuses et mes remercîments de la peine que ce déplacement va vous causer, et les assurances des sentimens avec lesquels j'ai l'honneur d'être, Monsieur, votre très humble et très obéissante servante.

De Vaubernier Du Barry.

Sous le prétexte d'une indisposition, et à l'aide d'une extrême politesse, Mme Du Barry espérait, sans doute, être exemptée de l'ennui d'un déplacement et du contact désagréable des témoins et des inculpés dans les locaux exigus et peu confortables de la Geôle de Versailles, transformée en tribunal. Peut-être aussi ses instincts invétérés de coquetterie la poussaient-ils à essayer encore le pouvoir de ses charmes, dans le cadre propice de son petit château, sur le juge chargé de son affaire ? — Mais la faveur qu'elle sollicite ainsi ne lui est pas accordée, car il résulte d'un procès-verbal du 8 octobre qu'elle comparaît, en même temps que d'autres témoins, devant M. La Salle et son greffier, assistés des sieurs Jalabert, marchand chapelier, demeurant rue Duplessis, et Floquet, marchand mercier, demeurant rue au Pain, adjoints versaillais chargés de l'instruction des procédures criminelles. La déclarante décline les noms de Jeanne-Bénédicte Gamard de Vaubernier, *veuve* de Guillaume Du Barry, et se dit âgée *d'environ quarante ans*, alors qu'elle en avait quarante-huit bien sonnés. Sa déposition apporte à l'affaire un élément nouveau en accusant de complicité le soldat suisse chargé de la garde extérieure du château, dont il n'a pas encore été question dans les pièces du procès. Cette dénonciation nouvelle, qui va être précisée tout à l'heure par Forth, n'est que vaguement indiquée d'abord par Mme Du Barry, dans les termes suivants :

..... Sept à huit jours avant que le vol ait été commis, le suisse Badoux, préposé à faire la garde la nuit, s'absenta pendant deux jours, disant qu'il allait voir un de ses parents à la caserne de Rueil; au lieu d'aller à ladite caserne, il est convenu depuis être allé à Paris passer deux jours; elle, déposante, l'a appris le second jour de son absence par sa femme de chambre, qui couchait dans sa chambre, qui la prévint en plaisantant de se bien garder, parce que le suisse Badoux était absent depuis deux jours. Observant, la déposante, que le suisse Badoux devait se promener de demi-heure en demi-heure autour de la maison pour faire la garde depuis minuit jusques à cinq heures du matin.

Ce ne sont encore là que des indices de suspicion à la charge du suisse Badoux. Mais, après avoir entendu Mme Du Barry, le même jour 8 octobre, le juge instructeur, toujours assisté de son greffier et des deux adjoints versaillais, fait comparaître « le sieur Nathaniel Parker Forth, âgé de quarante-sept ans, magistrat du comté de Middlesex et juge de paix de Sa Majesté Britannique, demeurant à Londres, de présent logé à Paris, rue Jacob, à l'hôtel de Modène », lequel, après avoir raconté les circonstances déjà connues de l'arrestation des voleurs à Londres et des aveux du nommé Harris, ajoute ce qui suit :

..... Le lendemain de cette déclaration, Harris l'a fait prier de venir le voir en sa prison, où il a confessé toute la part qu'il a eue au vol, et a confirmé tout ce qu'il a dit devant le lord-maire, en ajoutant que ce qui l'avait principalement rassuré, c'était l'assurance que lui avait donnée Levet que Mme Du Barry coucherait ce soir-là à Paris, où elle devait mener plusieurs de ses domestiques, fait que lui-même (Harris) avait vérifié à Paris, et de plus, *que le soldat suisse chargé de faire la patrouille était gagné;* qu'ils étaient convenus de deux coups de sifflet dont un de la part de lui Levet et l'autre de la part dudit suisse nommé Badoux, que ce devait être le signal du moment où Badoux s'éloignerait, de peur de les effaroucher; qu'effectivement, ayant entendu les deux coups de sifflet, les voleurs sont entrés dans le jardin et, de là, dans le château, où ils sont restés jusqu'au moment où on les a avertis par deux autres coups de sifflet, signal convenu pour sortir de l'appartement; le jeudi 10 mars dernier, lui, déposant, s'est transporté à Rueil, à la caserne des suisses. *Badoux est convenu qu'il avait entendu les coups de sifflet,* de la manière dont Harris lui en avait parlé; à son retour à Londres, le déposant a vu Harris pour la deuxième fois le 28 mars, et observa audit Harris que ce n'était pas à Philippe Joseph que l'on avait vendu une partie des effets d'or provenant du vol, que Philippe Joseph était alors en voyage, sur quoi Harris a répondu que ce n'était pas effectivement à Philippe Joseph lui-même, mais dans son appartement, à sa femme, en présence de sa servante, que ces effets avaient été livrés après avoir été brisés et fondus.

L'accusation de complicité contre le soldat suisse Badoux

devenait formelle. Il était à remarquer pourtant que Harris n'en avait rien dit dans sa longue déclaration du 15 février devant le lord-maire. Mais, d'autre part, il était surprenant que Badoux, s'il avait fait exactement ses rondes de nuit dans le parc, n'eût rien vu ni rien entendu. Aussi, le consciencieux M. La Salle n'hésite pas à le comprendre dans l'inculpation. Il entend encore devant lui, le 8 octobre, le chevalier d'Escourre, familier de Mme Du Barry, qu'il accompagnait à son retour à Louveciennes, le 11 janvier au matin, et qu'il a suivie en Angleterre, lequel confirme l'exactitude des détails fournis par Harris dans *son examination* du 15 février. Le 12 octobre, comparaissent successivement devant le juge : Denis Morin, Jean-Pierre Girardin, Charles Béguin, qui répètent ce que nous savons; puis Moyse Abraham et Michel Anspach, les deux marchands juifs, qui parlent des relations de la femme Philippe Joseph avec Harris et racontent à nouveau ce qu'ils ont déjà dit au commissaire de police.

Aussitôt après ces auditions de témoins, le dossier est communiqué à l'accusateur public, et, à la date du 13 octobre, le Tribunal de Versailles rend un deuxième jugement qui déclare qu'il y a charges suffisantes d'inculpation « contre les sieurs Jean-Baptiste Levet, Simon Joseph, Joseph Harris dit Abraham, Jacob Moyse et Joseph Abraham, tous cinq marchands juifs; la nommée Sipora, femme de Philippe Joseph, marchand juif demeurant à Paris, rue Jean-Robert, n° 10; la nommée Godel dite Gothon, juive servante dudit Philippe Joseph, demeurant chez son maître à Paris, susdite rue Jean-Robert, et contre le nommé Badoux, suisse à la caserne de Ruelle, y demeurant », et décerne, en conséquence, *prise de corps* contre tous les susnommés.

IV

La prise de corps était malheureusement inexécutable contre les cinq auteurs principaux, restés hors de France; le 15 octobre, les deux femmes Sipora et Gothon furent seules écrouées à la prison de la Geôle, à Versailles, et, le 16 octobre, un inspecteur de police se transporta à la caserne de Rueil pour y appréhender le soldat Badoux. De ce côté, l'instruction rencontra une difficulté spéciale : aux termes des traités passés avec la Suisse, les soldats de cette nation engagés au service de la France n'étaient pas justiciables des tribunaux français, mais d'une sorte de conseil de guerre régimentaire. Le soldat Badoux ne fut donc pas livré à la justice française, mais mis en détention provisoire à la prison de sa caserne, sauf à le transférer à Versailles pour les besoins de l'instruction.

Les interrogatoires des deux juives Sipora et Gothon ne produisirent aucune révélation nouvelle. Elles persistèrent à nier toute participation au vol, et à affecter une ignorance complète au sujet de Harris et autres. Comme Parker Forth était forcé de retourner en Angleterre, un troisième jugement du 17 octobre ordonna d'urgence sa confrontation pour le lendemain avec les accusés détenus. En conséquence, le 18 octobre, nouvelle comparution, devant M. La Salle, de Forth, qui persiste dans ses déclarations, en présence de Sipora, Gothon et Badoux. Ici se produisent les explications de ce dernier en réponse aux accusations de Harris rapportées par Forth. On va voir qu'elles diffèrent absolument de la légende d'après laquelle *le jeune soldat suisse* aurait été emmené au cabaret par des inconnus qui l'auraient enivré.

Badoux, âgé de *quarante-un ans*, garde suisse de la compagnie d'Affry, déclare, d'accord en cela avec Mme Du Barry, avoir eu la consigne de faire chaque nuit, de demi-heure en demi-heure, des rondes dans les deux basses-cours et dans le jardin, surtout du côté du pavillon du bord de l'eau, avec recommandation de veiller sur un daim enfermé dans le jardin anglais. Dans la nuit du 10 janvier, il n'est pas passé près du château, qu'il n'était pas chargé de garder d'ailleurs, à cause d'un amas de pierres et de boue qui se trouvait dans le jardin de ce côté. Le temps très pluvieux rendait l'obscurité très grande. Puis il ajoute :

..... *La nuit du vol, remontant du pavillon vers les trois heures du matin, il entendit un coup de sifflet qui venait du côté du chemin de la Princesse; il a pensé que c'étaient des braconniers qui venaient pour enlever le daim,* d'autant que toutes les fois qu'il allait dans le village, on l'avait menacé d'enlever le daim malgré lui ou de lui donner un coup de fusil; alors il est redescendu proche du daim, où il est resté environ une demi-heure à guetter. Ensuite il est remonté du côté de la glacière où est la ménagerie de la dame Du Barry et où sont les poules étrangères, ensuite il est revenu à son corps de garde pour essuyer son fusil et renouveler l'amorce, parce qu'il tombait beaucoup de pluie; de là il a été faire sa tournée dans les basses-cours et près du sieur Blays, où on lui recommandait le plus d'aller, parce que c'était là qu'était l'argenterie.

Badoux affirme avoir commencé sa ronde à dix heures du soir, et n'avoir entendu aucun autre bruit suspect que le coup de sifflet dont il a parlé. Il répète que cette nuit-là il faisait grand vent et grande pluie. Le juge lui observe que Harris aurait déclaré que le soldat suisse aurait été *gagné*. Badoux proteste énergiquement, et dit qu'il ne connaît pas et n'a jamais vu ni Levet, ni Harris. Sur la question de savoir s'il a vu des personnes suspectes rôder autour du château ou s'y introduire, Badoux répond :

Environ trois semaines ou un mois avant le vol, un dimanche, étant chez la dame Penot, aubergiste à la porte de Louveciennes, étant à boire avec son perruquier, il est entré un Anglais qui s'est mis à une table à côté de lui; après avoir mangé un petit morceau de bouilli, il attaqua le répondant sur le défaut de discipline des troupes françaises. Après une petite altercation entre cet Anglais et lui, qui n'eut point de suite, et ayant entendu dire à cet Anglais qu'il venait de voir les appartements de Mme Du Barry, ayant vu cet homme qui avait un air égaré et étourdi, il a demandé au sieur Girardin s'il l'avait vu. Le sieur Girardin lui répondit qu'effectivement il avait vu un Anglais entrer, mais ne lui avait pas parlé ni demandé à voir les appartements, qu'il était descendu droit au Pavillon et qu'il ignorait si le chef du Pavillon le lui avait fait voir.

Enfin, comme le juge demande à Badoux où était placé son corps de garde, celui-ci répond que :

Son corps de garde était placé à la Calandre, de l'autre côté de la machine et fort loin du château. Depuis le vol, il a continué quelque temps à faire la garde du château. On a alors changé son corps de garde et on l'a placé dans l'antichambre avec trois domestiques qui faisaient patrouille avec lui.

On fait alors entrer Forth, qui persiste dans sa déposition précédente, mais avoue ne pas se rappeler si Badoux lui a dit avoir entendu un ou plusieurs coups de sifflet. L'accusation formulée contre Badoux ne reposait en résumé que sur la deuxième déclaration de Harris, fort suspecte, puisqu'elle avait été faite après coup, et non pas spontanément comme la première. Dans ces conditions, les explications de Badoux paraissaient assez plausibles, à raison surtout de l'étendue et de la forme du parc de Louveciennes.

La confrontation de Forth avec les deux juives Sipora et Gothon fut également infructueuse, si bien que leur défenseur, Me Guillery, avoué à Versailles, présenta au Tribunal une requête à fin de leur mise en liberté provisoire. En l'absence de toute preuve décisive contre elles, le Tribunal, par jugement du 31 octobre, ordonna en effet de les relâcher provisoirement. Cependant, il restait contre ces deux femmes de sérieux soupçons; la provenance des 24,000 livres cachées dans un tuyau de cheminée n'avait pas été bien élucidée, et l'accusateur public ne voulait pas abandonner les poursuites, au moins contre les recéleurs, puisque les voleurs eux-mêmes lui échappaient. En janvier 1792, la police parisienne crut découvrir des indications utiles et les signala au Tribunal de Versailles. Bien vite, le 16 janvier, l'accusateur public requit l'audition de nouveaux témoins, et le lendemain, 17 janvier, un quatrième jugement l'ordonna. Ce furent encore deux juifs, familiers de la maison Philippe Joseph. L'un, Abraham Prusse, maître d'école, ne savait rien du vol, et raconta seulement avoir ouï dire qu'un inconnu avait remis à Philippe Joseph une somme de 24 ou 30, ou 40,000 livres, mais ignorait si c'était un prêt ou un dépôt. L'autre, Godchot Sigel, plus circonspect encore, répondit ne rien savoir du tout.

L'instruction se trouvait indéfiniment arrêtée tant que la police française serait dans l'impuissance de mettre la main sur les cinq auteurs du vol découverts en Angleterre. L'extradition n'existait pas alors, et la loi anglaise ne permettait pas de poursuivre et condamner des individus coupables d'un crime commis à l'étranger. En conséquence, nos cinq juifs, Levet, Harris, Simon, Moyse et Abraham, emprisonnés préventivement le 9 février, sur l'initiative de Forth, avaient été relâchés au bout de quelque temps, lorsqu'il avait été établi indubitablement qu'ils n'étaient coupables que du vol commis en France au préjudice de Mme Du Barry. Qu'étaient-ils devenus depuis leur mise en liberté? — On l'ignorait, mais il était vraisemblable qu'ils se tenaient à l'abri des recherches de la justice française.

L'accusateur public de Versailles prit le parti de requérir la clôture provisoire de l'instruction en demandant « qu'il en soit plus amplement informé indéfiniment ». Sur cette réquisition, le Tribunal rendit, à la date du 6 février 1792, son cinquième et dernier jugement, ignoré jusqu'ici, même de Vatel, qui dit l'avoir vainement cherché. En voici le texte intégral :

Entre l'accusateur public du Tribunal du district de Versailles, demandeur, d'une part;

Et les auteurs, fauteurs, complices et adhérens d'un vol considérable de bijoux, diamans et autres effets, commis pendant la nuit du 10 au 11 janvier 1791, avec effraction, dans la maison de la dame Du Barry à Louveciennes,

Et notamment contre les nommés Jean-Baptiste Levet, Simon Joseph, Joseph Haris dit Abraham, Jacob Moyse et Joseph Abraham, marchands juifs à Paris, absens, fugitifs et contumax,

La nommée Sipora, femme de Philippe Joseph, marchand juif demeurant à Paris, rue Jean-Robert, n° 10,

La nommée Godel dite Gothon, fille, domestique dudit Philippe Joseph, et le nommé Badoux, suisse à la caserne de Ruel, y demeurant, tous défendeurs et accusés, d'autre part;

Dans le fait,

Il a été commis un vol avec effraction extérieure et intérieure à Louveciennes, chez la dame Du Barry, la nuit du 10 au 11 janvier 1791. Les nommés Jean-Baptiste Levet, Simon Joseph, Joseph Haris dit Abraham, Jacob Moyse et Joseph Abraham, tous marchands juifs, la nommée Sipora, femme de Philippe Joseph, marchand juif, la nommée Godel dite Gothon, juive, servante chez ledit Philippe Joseph, et le nommé Badoux, garde suisse, sont-ils les auteurs, fauteurs ou complices dudit vol?

Dans le droit,

Le Tribunal est-il compétent pour connaître de l'accusation intentée contre ledit Badoux?

Motifs :

Attendu qu'il n'existe de charge directe contre les nommées Sipora et Godel que dans l'examination volontaire subie devant le lord-maire de Londres le 15 février 1791 par ledit Harris; que ledit Harris n'a pu être récollé ni confronté auxdites Sipora et Godel; qu'aux termes de la loi, la déposition d'un témoin ni récollé ni confronté ne peut faire preuve; que la déposition d'un deuxième témoin ne peut encore faire preuve parce que ledit témoin ne dépose que des ouï-dire et rapports dudit Harris;

Attendu l'absence desdits Jean-Baptiste Levet, Simon Joseph, Joseph Harris dit Abraham, Jacob Moyse et Joseph Abraham, qui n'ont pu être saisis au corps et constitués prisonniers;

Attendu enfin que les capitulations avec les Suisses donnent aux soldats suisses le droit d'être jugés par les tribunaux de leurs régiments;

Le Tribunal, Vu toutes les pièces de la procédure, Ouï le rapport de M. La Salle, juge, les conclusions de l'accusateur public et du commissaire du roy, le tout à l'audience et en présence du public, et après s'être retiré en la chambre du Conseil pour délibérer, ayant repris ensuite sa séance publique :

Déclare n'y avoir lieu à passer au règlement extraordinaire contre les nommées Sipora et Godel dite Gothon, Faisant droit, au principal, les décharge de l'accusation intentée contre elles à la requête de l'accusateur public, Ordonne que les 24,000 livres en assignats trouvées chez ledit Philippe Joseph lors du procès-verbal du 24 mai 1791, déposées ès-mains du sieur Joigny, commissaire de police à Paris, seront restituées audit Philippe Joseph;

Déclare en outre la contumace bien et valablement instruite contre lesdits Jean-Baptiste Levet, Simon Joseph, Joseph Harris dit Abraham, Jacob Moyse, Joseph Abraham, *Ordonne qu'il en sera plus amplement informé indéfiniment, preuves et décrets subsistans contre eux;*

Renvoie ledit Badoux pour être jugé par le Tribunal de son régiment, Pour quoi ordonne qu'il sera délivré expédition de la procédure tenue en ce tribunal.

Ce qui sera exécuté nonobstant et sans préjudice de l'appel. Ce fut fait et jugé en la chambre criminelle et du Conseil, et prononcé de suite et sans désemparer à l'audience publique par Nous Joseph-Henry La Salle, François Gourdel, Ponce Lelaurain et Pierre Meaux, juges du Tribunal du district de Versailles, le lundi 6 février 1792, l'an 4e de la liberté.

(*Signé*) La Salle, Lelaurain, Gourdel, Meaux.

Ce jugement, parfaitement juridique, relâchait définitivement les femmes Sipora et Gothon, faute de témoignages directs et de preuves suffisantes, renvoyait à la juridiction compétente le soin de statuer sur le cas du suisse Badoux, mais maintenait l'accusation contre les cinq auteurs du vol, en ordonnant, à raison de leur absence, qu'il serait *plus amplement informé* contre eux dans un délai illimité.

En ce qui concernait Badoux, le dossier fut transmis au Tribunal supérieur du régiment des gardes suisses, qui rendit, à la date du 22 juin 1792, le jugement suivant :

Vu l'interrogatoire du nommé Joseph Badoux, soldat de la compagnie d'Affry, du 7 février 1791, ensemble les informations et procédures faites au Tribunal du district de Versailles, département de Seine-et-Oise, contre différents accusés comme lui de complicité du vol fait à Mme Du Barry dans la nuit du 10 au 11 janvier 1791 dans son château à Louveciennes, dont la garde extérieure était commise audit Badoux, desquelles informations et procédures il ne résulte contre lui qu'une assertion vague et dénuée de preuve, n'étant qu'un ouï-dire d'un des complices dudit vol. Ouï le rapport du Grand Juge, tout vu et considéré, le Tribunal a déchargé ledit Badoux d'accusation quant au principal, et attendu qu'il a été suffisamment puni par sa longue prison pour raison de négligence à faire son devoir, Le Tribunal a ordonné et ordonne son élargissement.

(*Signé*) Keiser.

Ce pauvre Badoux étant incarcéré depuis le 15 octobre, avait subi une détention de plus de huit mois sur la seule dénonciation fort suspecte de Harris, rapportée par Forth seulement le 8 octobre. Ses explications, comme on l'a vu, étaient plausibles, et, si sa vigilance avait été mise en défaut pendant la nuit du 10 janvier, il en avait été sévèrement puni. Quant à la version, adoptée jusqu'ici, d'après laquelle ce prétendu jeune soldat de quarante-un ans aurait été entraîné dans un cabaret où on l'aurait retrouvé le lendemain complètement ivre, on voit qu'elle est entièrement controuvée.

V

Après ce long et complet exposé des pièces de l'instruction, continuée de janvier 1791 à fin juin 1792, reste-t-il un doute possible sur la réalité du vol commis dans la nuit du 10 janvier 1791 et sur la sincérité des poursuites exercées à la requête de Mme Du Barry? — Assurément non. Il y a même lieu d'observer que l'ardeur de la comtesse à dénoncer les coupables lui attira tout d'abord un procès désagréable. Le sieur Philippe Joseph, sa femme Sipora et leur servante Godel dite Gothon, mis hors de cause par le Tribunal de Versailles, assignèrent Mme Du Barry en dommages-intérêts devant le Tribunal du VIe arrondissement de Paris, pour avoir « provoqué et requis leur emprisonnement relativement à un vol de diamants et autres effets commis dans le domicile de ladite dame ». Le 30 juin 1792, Mme Du Barry présentait requête aux juges du district de Versailles à fin de délivrance d'une copie de la procédure criminelle qui lui était nécessaire pour se défendre. Cette copie lui fut donnée, mais nous ignorons l'issue du procès.

En Angleterre, l'affaire eut des suites bien autrement fâcheuses. Les diamants saisis sur les voleurs avaient été déposés dans la maison de banque Ranson-Morland, et Mme Du Barry n'avait pas pu en obtenir la restitution. Il aurait fallu un jugement pour autoriser les dépositaires à les lui remettre. Or, tout d'abord, Lion dit Simon, qui avait provoqué l'arrestation des voleurs, réclamait préalablement la somme de 2,000 louis promise par la petite circulaire de 1791. La comtesse, au contraire, pouvait répondre qu'elle ne devait aucune récompense, n'ayant pu encore reprendre possession de son bien. On n'avait retrouvé d'ailleurs qu'une partie des bijoux volés, et la récompense devait être proportionnée à ce qui serait rapporté. Il y eut un premier procès qui se termina en février 1793 par un jugement condamnant Mme Du Barry à payer à Lion moitié de la somme réclamée, soit 1,000 louis. Une deuxième instance allait s'ouvrir devant la Cour du Banc du roi en avril 1793, mais elle resta en suspens par suite de l'absence de la comtesse (1).

Finalement, Mme Du Barry rentra-t-elle en possession de ses bijoux? Ou bien, ont-ils disparu d'une façon mystérieuse? — Il est établi qu'ils restèrent déposés chez Ranson-Morland, et que la comtesse ne put ni les reprendre, ni en disposer d'aucune manière, par suite des réclamations de ses créanciers et des frais de justice. On sait que Mme Du Barry était aussi désordonnée que dépensière et toujours besogneuse depuis la mort de son royal amant. Dès 1778, lors de la faillite du joaillier Gaillard, elle était classée parmi les *débiteurs douteux,* pour une petite somme de 4,523 livres qu'elle ne pouvait pas payer (2). En 1784, elle eut recours à la générosité de Louis XVI, qui consentit à lui racheter une rente de 50,000 livres, moyennant un capital de 1,250,000 livres, pour lui permettre de rembourser certains gros prêteurs (3). Enfin, devant le Tribunal révolutionnaire, elle avoua qu'elle avait pour 2 millions de dettes, et l'on trouve, aux Archives de Seine-et-Oise, un carton entier rempli des notes et mémoires de fournisseurs et entrepreneurs restés impayés après sa mort. Malgré ce désarroi financier, Mme Du Barry, usant sans scrupules de la bourse de ses amis, vivait largement, donnait facilement, et trouva moyen, comme on le verra, de prêter 200,000 livres au duc de Rohan-Chabot pour ses besoins particuliers. Néanmoins, ses diamants et bijoux, qui étaient ce qu'elle aimait le plus au monde, restaient le plus clair de sa fortune passée et le meilleur gage de ses créanciers. Aussi comprend-on, d'une part, son émotion en se voyant dévalisée, ses plaintes à la police, ses promesses de récompense, ses démarches multipliées en France et en Angleterre pour ressaisir son trésor. Mais on

(1) Arch. de Seine-et-Oise, série Q, Papiers Du Barry. — Vatel, t. III, p. 188.
(2) Renseignement fourni par M. P. Détrez, d'après les Archives de la Seine.
(3) Vatel, t. III, p. 47 et suiv.

comprend de même que ses créanciers ne négligèrent pas de s'assurer la garantie de ce gage. En outre, il y avait de gros frais de justice à régler, et Parker Forth devait se réserver de beaux honoraires. Le résultat fut que Mme Du Barry, désireuse de rentrer en France en mars 1793, pour défendre son château mis sous scellés, fut forcée de laisser ses diamants en dépôt chez Ranson-Morland. Elle ne put pas retourner à Londres, et, après sa mort, le produit de la vente ordonnée par justice fut insuffisant pour l'acquit du passif (1). Tel fut le sort, nullement mystérieux, des bijoux volés à Louveciennes. Il n'est donc pas possible d'imaginer qu'ils aient été généreusement donnés par Mme Du Barry au profit des émigrés.

VI

Une autre question, plus délicate, subsiste encore. Y a-t-il lieu de supposer, comme l'a fait M. Claude Saint-André, que le véritable motif des voyages de Mme Du Barry en Angleterre était « tout autre que le vol de ses diamants », qu'en réalité, elle était devenue « un agent secret de l'émigration », une « conspiratrice »? — Nous sommes ici dans le domaine des conjectures, car on ne sait rien des prétendues négociations dont la comtesse aurait été la courageuse et fidèle intermédiaire. Mais quelles sont les vraisemblances? — Il est probable, sinon même certain, que Mme Du Barry partant pour Londres, munie d'un passeport régulier, dut se charger volontiers, par obligeance, des lettres de ses amis de France pour leurs parents ou amis fixés en Angleterre. Il est évident, d'autre part, qu'elle dut être bien accueillie par des Français exilés, avides de nouvelles, et rencontra, fréquenta même plus d'un royaliste (2). Il paraît même qu'elle soupa, dansa, alla au théâtre avec des émigrés (3). On lui a reproché, devant le Tribunal révolutionnaire, de s'être montrée publiquement vêtue de deuil lors de la mort de Louis XVI; elle eût manqué de convenance envers ceux qui la recevaient, si elle ne les avait pas

(1) *Les Bijoux de Mme Du Barry*, par Welschinger (1 vol. in-18, Charavay).
(2-3) Voir Vatel et Cl. Saint-André.

imités. On a parlé d'un versement de 200,000 livres fait par elle à un royaliste ; mais il a été démontré par les explications très précises du banquier Wendenyver qu'il n'a été fait qu'un seul prêt de cette somme, et qu'il fut fait au profit du duc de Rohan-Chabot, en France, dans l'intérêt particulier de ce dernier. Que peut-on donc induire des relations mondaines ou amicales, des fréquentations de Mme Du Barry, à Londres, pendant l'hiver de 1792 à 1793? — Des imprudences de sa part, mais rien de plus. A-t-elle sciemment participé à une conspiration? Est-elle venue en Angleterre, pour la quatrième fois, en octobre 1792, dans le but de se concerter avec les émigrés, de préparer avec eux une entreprise royaliste? — Rien ne le prouve.

En revanche, il est incontestable que c'est à Londres que Mme Du Barry avait à débattre ses intérêts contre les voleurs d'abord, puis contre ses créanciers, pour tâcher de sauver au moins une partie de sa fortune. C'est à Londres qu'en octobre 1792, elle avait à se défendre contre la réclamation du sieur Lion, lui demandant le paiement de 40,000 francs. Le jugement de ce dernier procès est rendu le 27 février 1793, et, tout de suite après, le 1er mars, elle demande un passeport pour retourner en France (1). Il semble donc que c'était bien là ce qui la retenait à Londres depuis le mois d'octobre 1792.

D'autre part, quelle étrange conspiratrice que Mme Du Barry, dont la frivolité, la légèreté, l'inconscience se révèlent jusqu'au dernier jour de sa vie! En décembre 1791, au milieu de ses préoccupations pécuniaires, sans songer à l'effondrement de la monarchie, à la ruine imminente, elle commande au sculpteur Mouchy, moyennant le prix convenu de 7,000 livres, un groupe en marbre représentant *la Beauté qui désarme l'Amour* (2). En septembre 1792, elle apprend l'horrible massacre des prisonniers, parmi lesquels est son fidèle et dévoué Brissac; elle trouve, dit-on, dans son salon de Louveciennes, la tête sanglante de ce malheureux, apportée là de Versailles par les assassins. Et, un

(1) Arch. de Seine-et-Oise, série Q, Papiers Du Barry. Passeport anglais : *First day of march 1793. Suffer to pass from London to Dover id her way to France Madame la comtesse du Barry whose place of abode is at present in Bruton street near Berkley Square, and who has been in this Kingdom since October last.* (*Signé*) W. ADDINGTON.

(2) *Ibid.*

mois après, en octobre, elle mène joyeuse vie à Londres. Bien mieux, une lettre du 7 septembre 1793, à elle adressée par le duc de Rohan-Chabot, nous apprend que cette femme, âgée alors de cinquante ans, s'est déjà consolée de la mort de Brissac dans les bras d'un autre (1). Et, comme cet amoureux de la dernière heure a besoin de 200,000 livres pour des paiements à faire, elle s'empresse de les lui prêter.

Puis, pourquoi rentre-t-elle en France, en mars 1793, si ce n'est par inconscience du danger qu'elle court? Elle vient d'apprendre par Morin que les scellés ont été apposés chez elle; elle veut les faire lever. Est-ce par héroïsme qu'elle affronte des poursuites certaines? — Non, elle n'a nullement le tempérament d'une héroïne. Elle croit sincèrement n'avoir rien à craindre, car elle ne songe pas à combattre le régime nouveau; elle a déclaré se soumettre aux lois de son pays, elle a montré son patriotisme en faisant des dons d'argent et de fusils aux volontaires de Louveciennes partant pour la Vendée (2). Aussi, lorsqu'elle se verra arrêtée, accusée d'incivisme, son étonnement sera profond; la lettre qu'elle écrira à Fouquier-Tinville pour réclamer sa mise en liberté prouve ses illusions persistantes; enfin, sa stupéfaction en entendant son arrêt de mort, ses larmes, son attitude peu courageuse ne seront pas jouées. Il faut donc reconnaître que Mme Du Barry n'a guère les allures d'une hardie conspiratrice jouant sa tête pour le triomphe de ses convictions.

D'un autre côté, il faut remarquer encore que, malgré l'espionnage incessant de Greive, Salanave et Zamor à Louveciennes, et de Blache à Londres et à Paris, le seul crime caractérisé relevé à la charge de Mme Du Barry fut l'émigration. Devant le

(1) Voici la fin de cette lettre, découverte et publiée par Vatel (t. III, p. 202) : « ... Venez donc, cher amour, passer deux jours ici; venez dîner chez moi avec qui vous choisirez; donnez-moi quelques instants de bonheur; il n'en est plus qu'avec vous; répondez-moi sur tout ce que je vous demande; venez voir un moment qui vous aime au delà de tout, par-dessus tout, jusqu'au dernier moment de sa vie. Je baise mille fois la plus charmante des femmes qu'il y ait au monde et dont le cœur si noble et si bon mérite un attachement éternel. »

Vatel, malgré sa bienveillance pour Mme Du Barry, fait sur cette lettre la réflexion suivante : « On ne peut écrire de ce style qu'à une maîtresse? Mme Du Barry avait alors cinquante ans révolus, et une année s'était à peine écoulée depuis la mort de M. de Brissac. Nous comprenons qu'on dise : C'est trop, et qu'on flétrisse l'ancienne favorite incorrigible du nom de femme galante. »

(2) On en trouve plusieurs reçus délivrés par la municipalité (Arch. de Seine-et-Oise, Papiers Du Barry).

Tribunal révolutionnaire, ses dénonciateurs l'accusèrent bien de menées suspectes, parlèrent de ses relations avec des royalistes, mais ne purent produire aucune pièce, aucune lettre vraiment compromettante pour elle. Un mois et demi après son arrestation, le 20 brumaire an II, le Comité de Sûreté générale cherchant des preuves à l'appui de sa mise en jugement, écrivait la lettre suivante à Goujon, procureur général-syndic de Seine-et-Oise :

Le Comité est instruit, citoyen Procureur général-Syndic, qu'il existe au greffe du Directoire du département des pièces tendantes à prouver que la femme Dubarry est véhémentement *suspecte d'émigration;* tu dois savoir qu'elle est arrêtée déjà depuis près d'un mois. Le Comité de Sûreté générale est sur le point de faire un rapport à la Convention sur cette fameuse courtisane; il réclame des renseignements auprès de toi *relativement à l'émigration dont elle est prévenue*, et il me charge de te prier de me faire parvenir les pièces que cette femme peut avoir produit à votre Directoire, et un précis des faits qui se sont passés à son sujet.

Signé : VOULLAND, député à la Convention et membre du Comité de Sûreté générale.

Si Mme Du Barry avait pris part, soit à Paris, soit à Londres, à des complots royalistes, Greive ou Salanave l'épiant constamment, tenus au courant de ses correspondances, de ses relations, de ses moindres démarches à Louveciennes comme à Paris, et Blache, policier de métier, qui l'avait suivie à Londres, n'auraient-ils pas saisi des preuves plus décisives que les vagues allégations qu'ils ont produites, et le Comité de Sûreté générale n'aurait-il pas formulé contre l'accusée un chef de prévention plus grave encore que l'émigration?

D'après toutes les vraisemblances, il semble donc qu'on puisse conclure que Mme Du Barry n'a pas été une « conspiratrice », et que son unique préoccupation, en faisant quatre voyages à Londres, a été réellement l'espoir de rentrer en possession de ses diamants.

VII

En mars 1793, Mme Du Barry rentrait donc, en toute confiance, à Louveciennes. On s'est étonné qu'elle n'ait pas été immédiatement poursuivie en vertu des lois si rigoureuses contre les émigrés, et l'on a supposé que des influences occultes avaient dû lui venir en aide. Est-il donc vrai, comme on l'a dit et répété, qu'elle ait été protégée par les administrateurs du département de Seine-et-Oise, et tout particulièrement par l'un d'eux, qui aurait conçu pour elle des sentiments plus que dévoués?

Une légende s'est formée à cet égard autour d'un homme qui a joué passagèrement, pendant huit mois environ, un rôle important à Versailles. C'est Jean-Charles Lavallery, né à Paris vers 1753, ancien homme de lettres, d'après Vatel, avocat au Parlement, suivant d'autres, jusqu'en 1786, puis fixé à Etampes à partir de cette date, comme fonctionnaire, officier municipal en 1790, enfin, élu en novembre 1792 membre du Conseil général de Seine-et-Oise (1), et bientôt après administrateur influent du département. Instruit, lettré, comme le prouvent ses harangues, il était en même temps homme du monde, aimable et galant avec les femmes, comme le montrent ses lettres. Une petite missive, qu'on lira plus loin, adressée par lui à Mme Du Barry, a donné prétexte, par quelques mots aimables, à la supposition d'une étroite intimité entre eux. De là, un roman présenté par M. Lenôtre avec son talent habituel (2), et accepté par M. Claude Saint-André, qui attribue à Lavallery une prétendue levée des scellés apposés à Louveciennes, puis, en août, la mise en liberté complète de la châtelaine et de ses gens. Enfin, après « maint service » rendu à Mme Du Barry « avec une chaleur singulière », telle « qu'on y sent, dit son dernier biographe, quelque chose de plus que le dévouement », Lavallery se serait suicidé en apprenant l'arrestation de « la femme qu'il aimait ».

Cette romanesque légende est-elle vraie? Mme Du Barry a-t-elle trouvé aide et protection auprès du Directoire du département de Seine-et-Oise? Lavallery l'a-t-il défendue avec un dévouement passionné? — Des documents authentiques et, avant tous autres, les registres des délibérations du Conseil et du Directoire, non encore consultés, vont prouver le contraire.

En décembre 1792, un nouveau Conseil général venait d'être

(1) Voir *Lavallery, officier municipal d'Etampes, et la comtesse Du Barry*, par Ch. Forteau (Etampes, 1907).

(2) *Vieilles Maisons, vieux Papiers*, par G. Lenôtre, 2me série, p. 101.

élu en Seine-et-Oise, et Lavallery y avait pris, dès la première séance, une place prépondérante. C'est lui qui y avait prononcé, le 11 décembre, le discours d'ouverture, où il avait particulièrement recommandé à ses collègues la liquidation « des biens des perfides émigrés ». Nommé vice-président du Conseil et du Directoire du département, on voit dans le registre des délibérations qu'il prenait la parole comme rapporteur ou commissaire dans toutes les discussions importantes. Quelles furent ses premières relations avec Mme Du Barry? — Lorsque Lavallery, venant d'Etampes, arriva à Versailles en décembre 1792, la châtelaine de Louveciennes était en Angleterre depuis le mois d'octobre. L'Administration départementale ayant eu connaissance de cette absence prolongée, la trouva suspecte, s'en émut, et décida de faire apposer les scellés sur la maison de la ci-devant comtesse. Le procureur général-syndic transmit aux administrateurs du district l'ordre de faire procéder à cette opération, par la lettre suivante, datée de Versailles le 14 février 1793 (1) :

La femme Dubarri, propriétaire à Louveciennes, a quitté la France au moyen d'un passeport au commencement de 1791, pour poursuivre en Angleterre les auteurs d'un vol considérable fait en sa maison.

Le doute inspiré sur cette poursuite par le laps de temps et l'ignorance de ses effets a fait naître nécessairement l'incertitude.

Dans cet état, l'Administration a pensé qu'il convenait de prendre sur les biens de cette femme des mesures conservatoires pour assurer à la fois ses droits et ceux de la nation.

Elle me charge, en conséquence, de vous inviter à faire apposer les scellés sur la maison de la femme Dubarri à Louveciennes, d'y commettre un gardien et de lui adresser le procès-verbal qui sera dressé à cette occasion.

Vous voudrez bien, Citoyen, presser cette opération, et m'en faire part aussitôt qu'elle aura été faite.

(Signé) HODANGER, substitut.

Cette *mesure conservatoire* n'était pas assurément l'indice de dispositions bienveillantes de la part des administrateurs de Seine-et-Oise et de leur vice-président Lavallery à l'égard de Mme Du Barry. Comme celle-ci était encore absente, le 21 février, Morin, son valet de chambre, adressa au Directoire une demande de levée des scellés apposés au château de Louveciennes, en

(1) Archives de Seine-et-Oise, Dossier Du Barry.

expliquant que la comtesse était partie, munie d'un passeport régulier, pour la défense de ses intérêts en Angleterre. Cette requête ne reçut aucune réponse. En mars, Mme Du Barry rentre chez elle ; elle s'étonne, elle s'irrite, et le 27 mars elle adresse, de Louveciennes, aux administrateurs à Versailles, cette nouvelle requête personnelle, assez impérieuse (1) :

Citoyens administrateurs,

La citoyenne de Vaubernier du Barry est très étonnée qu'après toutes les promesses qu'elle vous a fournies des raisons qui l'ont forcée d'aller en Angleterre, vous l'ayez traitée comme émigrée. Avant son départ, elle vous a communiqué la déclaration qu'elle avait faite à sa municipalité ; vous l'avez enregistrée dans vos bureaux. Vous savez que c'est le quatrième voyage qu'elle est obligée de faire, toujours pour le même motif.

Elle espère que vous voudrez bien faire lever les scellés qui ont été apposés chez elle, contre toute justice, puisque la loi n'a jamais défendu de sortir du royaume à ceux que des affaires particulières et pressantes appellent en pays étranger. Toute la France est instruite du vol qui lui a été fait la nuit du 10 au 11 janvier 1791 ; que ses voleurs ont été arrêtés à Londres ; qu'elle y a eu une procédure suivie dont le dernier jugement n'a été rendu que le 28 février dernier, ainsi que l'atteste le certificat ci-joint.

Le surlendemain 29 mars, elle fait encore réitérer sa demande par Morin, qualifié de mandataire, fondé de procuration. Ces réclamations instantes, un peu hautaines en la forme, ne paraissent pas toucher les administrateurs, qui n'y répondent pas. Elle a l'idée alors de recourir à l'entremise de la vieille princesse de Rohan-Rochefort, qui habite Versailles et avec laquelle elle est en relations amicales. Celle-ci, qui a peut-être eu occasion de voir antérieurement Lavallery, va elle-même le trouver pour lui recommander en même temps la requête de Mme Du Barry et celle de son sommelier. Le 13 mai 1793, la princesse écrit à son amie de Louveciennes (2) :

... J'ai remis à M. de la Vallerie la petite notte pour le sommeillier auquel vous vous intéressés ! J'espère que l'on fera incessamment droit à sa demande. *Lavallerie m'a assuré que la vôtre aurait lieu cette semaine.* Je le crois bien puisqu'il ait en retard. *Mais ce qu'il nous faut, c'est qu'il en ressente l'effet beaucoup trop attendus si injustement.*

C'est à la suite de cette visite et des recommandations de la

(1) Le Roi, *Curiosités historiques*, p. 351.

(2) Vatel, t. III, p. 192.

princesse que Lavallery, toujours poli et aimable à l'ordinaire, écrivit, le 17 mai, à Mme Du Barry, la lettre suivante, sur laquelle on a cru pouvoir imaginer un roman d'amour (1) :

Citoyenne,

Je me ferai représenter le plutôt possible votre demande, dont le succès ne me paraît pas devoir éprouver de grandes difficultés, vu la notoriété du motif de vos absences, si vous avez eu surtout le soin de joindre à votre mémoire les pièces justificatives, telles que vos passeports ou leurs copies certifiées, certificats de résidence, etc... Soyez convaincue que s'il est des occasions où je désire donner du prix à mon travail, vous avez droit à les faire naître. Votre sexe vous donne le droit de désirer la tranquillité, et votre amabilité... Mille pardons, Citoyenne, un républicain et *un inconnu* ne doit parler que la langue des affaires.

Agréez l'assurance de mon respect et de tout l'intérêt que vous avez droit d'inspirer.

LAVALLERY.

Versailles, 17 mai l'an 2e de la République.

Peut-on induire de cette lettre que Lavallery était déjà ami intime de Mme Du Barry? — Assurément non, puisqu'il se qualifie lui-même d'*inconnu*. La démarche racontée quatre jours auparavant par Mme de Rohan-Rochefort montre bien d'ailleurs qu'il n'existait pas encore de relations entre lui et la châtelaine de Louveciennes, sans quoi l'entremise de la princesse eût été inutile. Mais doit-on attacher quelque importance à la forme aimable de la lettre de Lavallery? Peut-on y voir l'indice d'un amour naissant, ou du désir d'un rendez-vous? — Ce serait encore aller bien loin, d'autant que Lavallery, malgré sa rigidité républicaine, était, comme nous l'avons dit, homme du monde et galant lorsqu'il s'adressait à une femme. Deux petites lettres (2) oubliées dans ses dossiers le prouvent. La première, signée d'une dame Arnould, et adressée à Lavallery, s'exprime ainsi :

La visite projetée du matin que je devais faire à *l'obligeant administrateur*, ne pouvant s'effectuer... je prends la liberté de prier le *spirituel et très poli* citoyen Lavallery de changer le temps de l'audience qu'il devait me donner le matin, à celui de l'après-midi, lorsque les occupations multipliées dont il

(1) Arch. de Seine-et-Oise, Papiers Vatel.

(2) *Ibid.*, série L¹ M. Personnel et administration générale.

est surchargé lui laisseront quelques instants de répit. Alors il voudra bien m'indiquer son heure... Il obligera sa très humble et reconnaissante concitoyenne.

La seconde lettre, datée de Versailles, 18 juin 1793, est écrite par Lavallery à la femme d'un de ses collègues envoyé en mission :

Citoyenne et collègue,

Dépositaire de la confiance de votre époux pour vous transmettre les détails de son voyage, je m'enorgueillis d'une pareille commission sous le double point de vue de servir l'amitié et *de correspondre avec une aussi aimable citoyenne.*

Vous verrez par les détails contenus en la copie ci-incluse, etc...

... Par la même occasion, je serais très désireux d'apprendre des nouvelles de votre santé et de celle de *votre charmante fille.*

Agréez, Citoyenne, l'assurance de mon profond respect et de mon attachement fraternel.

LAVALLERIE.

On voit qu'il n'y a pas lieu de s'étonner des quelques mots aimables de la lettre du 17 mai à Mme Du Barry, car ils étaient habituels de la part de Lavallery. Encore faut-il ajouter que ce n'était que simple politesse ou galanterie sans conséquence, car Lavallery oublia la demande de la comtesse et les recommandations de Mme de Rohan-Rochefort, si bien que le mois de mai et le mois de juin s'écoulèrent sans qu'il en fût question au Directoire du département, et qu'en conséquence les scellés restèrent apposés à Louveciennes. Cependant, le 27 juin, le sieur Blache, muni d'une lettre du ministre de l'Intérieur le recommandant pour un emploi de police, se présente au Directoire (1) et raconte avoir entendu dire par Salanave, domestique congédié de Mme Du Barry, lequel lui-même le tenait d'un nommé Fournier, greffier à Louveciennes, que Lavallery aurait donné au valet de chambre Morin la formule d'un certificat de résidence, et aurait dit à Fournier de le faire passer sans affichage. Malgré le peu de gravité de ce propos, les administrateurs ordonnent la comparution de Fournier, Salanave et Morin, mais ceux-ci ne se rendent pas à la convocation.

Trois jours après, le 1er juillet, Lavallery reçoit la lettre suivante du Comité de Salut public (2) :

(1) Arch. de Seine-et-Oise. Registre des délibérations du Conseil général.

(2) *Ibid.*, série L² M. Personnel et administration générale.

Frère,

Un administrateur ne doit point laisser planer le soupçon sur sa tête. Tu es accusé, il faut que tu te justifies, ou nous te dénoncerons.

On assure que tu protèges la Dubarry, que tu as fait pour elle un modèle de certificat de résidence que tu as remis à un nommé Morin, que l'on dit être un homme taré servant les projets des contre-révolutionnaires, et que le juge de paix de Marly, Fournier, qui est aussi greffier de la municipalité, a été requis de délivrer ce certificat sans affiche préalable.

On assure également que tu as été dîner chez cette femme et qu'elle prend beaucoup d'intérêt à toi, en récompense des services que tu cherches à lui rendre.

Nous te connaissons de la franchise. Réponds.

Les Membres du Comité de Salut public,

BIZARD. NAUDET. VAREILLE.

Qu'y avait-il de vrai dans ces accusations provenant évidemment du même Blache, qui les avait portées d'abord au Directoire de Seine-et-Oise? — Nous n'avons pas la réponse de Lavallery, mais il faut croire qu'il se justifia, car le terrible Comité ne le dénonça pas à la Convention et l'affaire n'eut aucunes suites. Cependant, en admettant qu'il y eût quelque chose de vrai dans les allégations de Blache, en supposant que Lavallery, sur la demande de Morin, lui eût remis pour Mme Du Barry une formule de certificat de résidence, et même qu'il eût accepté, ce qui était plus compromettant, de dîner au château de Louveciennes, on ne saurait sérieusement en conclure qu'il était devenu l'hôte assidu et le défenseur passionné de la châtelaine. En tous cas, les dénonciations de Blache et la lettre menaçante du Comité de Salut public étaient des avertissements de nature à lui inspirer une grande circonspection. On va voir qu'il les mit à profit, si tant est qu'il en eût besoin, et qu'il fut loin de manifester un grand dévouement pour cette femme qu'il aurait tant aimée, prétend-on.

VIII

Le 1er juillet, on apprend à Versailles que la municipalité de Louveciennes a, de son chef, mis en état d'arrestation Mme Du Barry et toutes les personnes de sa maison. « Un citoyen » se présente devant le Directoire, porteur d'une pétition de la « citoyenne Dubarry » réclamant la révocation de l'arrêté illégal qui l'a frappée. Si les administrateurs de Seine-et-Oise, et Lavallery en particulier, protègent vraiment la comtesse, ils ne doivent pas hésiter à révoquer l'arrêté de la commune de Louveciennes. Cependant, ils se contentent de renvoyer la pétition au Directoire du district, avec invitation de prendre de suite des renseignements et de les leur transmettre. Le jour même, un commissaire nommé par les administrateurs du district se rend à Louveciennes, se renseigne auprès de la municipalité, et, le lendemain 2 juillet, son rapport est envoyé au Directoire du département avec un long mémoire rédigé et signé par Labondie, ancien officier de marine, neveu de d'Escourre, introduit par lui depuis peu dans l'intimité de Mme Du Barry et montrant pour elle un grand dévouement qu'il paya plus tard de sa tête. Malgré ce mémoire, malgré le rapport du District, les administrateurs de Seine-et-Oise ne font rien. La châtelaine de Louveciennes, gardée à vue chez elle, en état de détention, proteste, s'impatiente, et, comptant sur son éloquence personnelle, demande à être conduite sous escorte devant le Directoire du département. Alors se passe, le 4 juillet, une curieuse scène (1). Les administrateurs de Seine-et-Oise avaient levé leur séance à six heures et venaient de rentrer chacun chez eux, lorsqu'à sept heures, le président Richaud est averti qu'une grande affluence de citoyens, accompagnant plusieurs personnes arrêtées comme suspectes, réclament sa présence. Il convoque en hâte ses collègues, et tous accourent au lieu de leurs réunions. Ils trouvent un nombreux rassemblement entourant une voiture contenant Mme Du Barry et plusieurs femmes de sa maison, escortée de la municipalité de Louveciennes et d'une partie de la garde nationale. Tout ce monde est introduit dans la salle du Conseil général, et une séance supplémentaire est ouverte. Les municipaux louveciennois exposent que, « sur la demande de plusieurs habitants de la commune, ils ont cru devoir mettre la citoyenne Dubarry en arrestation chez elle, ainsi que toutes les personnes de sa maison; mais que cette citoyenne ayant demandé à venir au Département, elle y a été conduite en voiture par eux-mêmes et une partie de la garde nationale ». Là-dessus, Mme Du Barry prend la parole personnellement, proteste contre les dénonciations injustes dont elle a

(1) Arch. de Seine-et-Oise. Registre des délibérations du Conseil général.

été l'objet de la part de Greive et Blache, affirme son patriotisme, prouvé par son retour en France, par ses dons à la commune pour armer les volontaires, et réclame hautement sa mise en liberté. Les municipaux ne contestent pas ses dires et ne lui sont pas hostiles. Les administrateurs du département vont-ils enfin libérer l'ex-comtesse? — Non encore. Après délibération et conclusions du substitut du procureur général-syndic, ils arrêtent « que la citoyenne Dubarry sera reconduite chez elle sous la garde de la municipalité de Louveciennes, *et qu'elle y restera provisoirement en état d'arrestation* jusqu'à ce que la Convention nationale, à laquelle a été présentée la dénonciation qui donne lieu à son arrestation, ait prononcé sur les faits dont il s'agit ». Et, sur ce, à neuf heures du soir, la séance prend fin; les administrateurs, heureux sans doute d'avoir esquivé toute décision compromettante, rentrent chez eux, tandis que Mme Du Barry reprend le chemin de Louveciennes, toujours prisonnière, escortée des gardes nationaux de la commune.

La Convention avait été, en effet, saisie des dénonciations répétées de Greive, Blache et Salanave, qui, pour en corser l'importance, n'avaient pas craint d'ajouter à leurs signatures quelques noms d'habitants du pays. Mme Du Barry, éconduite, comme on vient de le voir, par les administrateurs du département, s'empressa, le 5 juillet, dès le lendemain de sa comparution à Versailles, de faire présenter à la Convention sa requête de mise en liberté. Le Comité de Sûreté générale, chargé de l'affaire, rendit, le 6 juillet, un arrêté ordonnant qu'il serait pris des informations auprès des administrateurs du département « sur le civisme ou l'incivisme notoirement connu de la citoyenne Dubarry, et, jusqu'à ce, qu'elle resterait en arrestation chez elle, gardée par un gendarme, à ses frais (1) ». On a dit que Lavallery fut alors nommé commissaire, se rendit à Louveciennes et fit mettre Mme Du Barry en liberté. M. Claude Saint-André, allant moins loin, suppose seulement que Lavallery fut chargé de l'enquête, qu'il conduisit « avec une visible bienveillance ». En réalité, d'après les documents officiels, ce furent Rotrou et Pellé (2), et non pas Lavallery, qui furent nommés commissaires, et ils se

(1) Arch. de Seine-et-Oise, série Q, Papiers Du Barry.

(2) *Ibid.* Registre des délibérations du Conseil général.

contentèrent de rendre compte de leur mission le 18 juillet, sur quoi le Conseil général renvoya l'affaire à son Comité de Sûreté générale « pour qu'il en soit fait rapport ». D'autre part, dès le 7 juillet, en dehors du Directoire du département, sur l'initiative de Labondie, qui s'appliquait à justifier son mémoire en faveur de Mme Du Barry et multipliait ses démarches pour elle, une pétition avait été signée par cinquante-neuf habitants de Louveciennes, attestant les services rendus à la commune par la comtesse, sa bienfaisance constante pour les pauvres gens, et l'injustice des dénonciations de deux ou trois individus suspects, dont un étranger résidant depuis peu dans le pays. Cette pétition collective avait été suivie de plusieurs déclarations d'autres habitants se rétractant ou protestant contre l'abus fait de leurs noms, par Greive et Blache, et venant joindre leurs attestations à celles de leurs concitoyens.

Entre temps, le Directoire du district, à la date du 9 juillet, se décide enfin à délibérer sur la demande de Mme Du Barry à fin de levée des scellés apposés chez elle en février 1793. Les administrateurs *du district*, se fondant sur la requête de Morin du 21 février et sur les nombreuses pièces produites, procès-verbaux, procédure criminelle relative au vol de 1791, certificats de résidence, etc..., déclarent que le voyage de la dame Du Barry avait des causes légitimes, qu'il demeure constant qu'elle n'était point en état d'émigration, qu'il est juste qu'elle recouvre la jouissance de ses biens, — et, en conséquence, émettent *l'avis* « que ladite dame doit rentrer en pleine possession de sa maison de Louveciennes et de tous ses biens ». C'est le premier acte officiel qui lui soit nettement favorable, et il émane, comme on voit, non pas du Directoire du département, mais du Directoire du district, dont Lavallery ne fait pas partie. Mais ce n'est qu'un avis qui a besoin d'être homologué par l'Administration du département pour être exécutoire. En conséquence, le 25 juillet, les administrateurs de Seine-et-Oise, à leur tour, sont saisis de cette question d'homologation qui semble ne devoir être qu'une simple formalité. Ils paraissent, en effet, tout d'abord disposés à approuver purement et simplement les conclusions du District, et un projet d'arrêté est rédigé en ce sens. Mais l'un des membres du Directoire fait observer que la citoyenne Du Barry est en état d'arrestation. Aussitôt, les administrateurs s'empressent de suspendre toute décision jusqu'à nouvel ordre. Puis, s'avisant d'un prétexte pour gagner du temps, ils remarquent dans le dossier de l'affaire trois petits certificats de quelques lignes écrits en langue anglaise, et, au lieu de les faire traduire eux-mêmes, ils chargent le procureur général-syndic de les transmettre au ministre des Affaires étrangères pour lui en demander la traduction et la légalisation. Le 1er août, en effet, le procureur expose au ministre que, *depuis le mois de mars*, la « femme Dubarry » est en instance pour obtenir la mainlevée des scellés apposés chez elle ; qu'elle a produit, entre autres pièces, trois certificats anglais, sur lesquels l'Administration désire avoir l'avis du ministre. Or, ces trois pièces — dont un passeport très simple dont on a vu ci-dessus le texte — présentaient cette particularité, que Mme Du Barry y était qualifiée de *comtesse*. Grave atteinte aux lois, qui avait sans doute attiré l'attention des méticuleux administrateurs ! Le ministre ne manqua pas d'en être aussi scandalisé, et Mme Du Barry dut écrire une longue lettre pour se disculper, en expliquant que c'était une erreur commise par son homme d'affaires anglais, qu'elle n'y était pour rien, et désavouait un titre qui blessait les lois françaises, auxquelles elle restait « invariablement attachée (1) ».

En tout ce qui précède, on ne trouve guère la preuve d'une protection efficace de la part des administrateurs de Seine-et-Oise, ni l'indice d'une affection dévouée de la part de leur vice-président Lavallery pour la châtelaine de Louveciennes. On voit au contraire que les membres de l'Administration, y compris Lavallery, s'appliquent surtout à ne pas se compromettre, et à laisser à la Convention le soin de décider du sort des réclamations de Mme Du Barry. Il y a lieu de remarquer d'ailleurs que si l'ex-comtesse pouvait être encore séduisante malgré ses cinquante ans, elle avait auprès d'elle trois chevaliers dévoués, sinon trois adorateurs, Rohan-Chabot, d'Escourre et Labondie, et que Lavallery, ne pouvant en ignorer les assiduités, eût été bien naïf de vouloir se joindre à ce trio.

Enfin, l'on va voir quelles graves préoccupations assaillaient précisément à cette même époque le Directoire départemental, et particulièrement Lavallery. Le département de Seine-et-Oise

(1) Arch. de Seine-et-Oise, série Q, Papiers Du Barry.

était en lutte ouverte avec les agents de la commune de Paris au sujet des marchés de grains et farines, des réquisitions et de l'application de la loi du maximum. Les Parisiens réclamaient des subsistances, mais c'était l'occasion de spéculations éhontées dénoncées par le Département. Les cultivateurs, de leur côté, se refusaient à livrer leurs grains et les cachaient. La famine sévissait partout, et de véritables émeutes se produisaient dans les villages, au passage des voitures chargées de blé ou de farine. Le 23 juillet, deux députés, nommés commissaires aux subsistances par la Convention, Roux et Bonneval, se présentèrent à la séance du Conseil général, accusant l'Administration de Seine-et-Oise d'être de connivence avec les communes rurales pour empêcher les expéditions de grains sur Paris (1). L'Administration répondit avec vivacité « qu'elle aurait été en droit de le faire », mais que l'imputation était fausse. Le 30 juillet, le Conseil général, voulant assurer la régularité de ce service si difficile des subsistances, en chargea un comité composé de Lavallery, Rotrou et Germain, munis des pouvoirs les plus étendus. Le 31 juillet, Lavallery est à Mériel, aux prises avec une troupe d'habitants du pays ayant à leur tête le maire, le procureur-syndic et le garde champêtre, s'opposant par la force au départ d'un bateau chargé de grains. D'autre part, tandis que les communes rurales résistent aux réquisitions, les communes urbaines, comme Versailles, Saint-Germain, Sèvres, Argenteuil, Chatou et autres, réclament à grands cris du pain, et les commissaires aux subsistances sont aux abois. Le 4 août, Lavallery rend compte au Conseil général des efforts de son comité. Les 5 et 6 août, on discute encore à ce sujet. Le 7 août, le Conseil prend l'arrêté suivant :

Sur les observations faites par les commissaires aux subsistances relativement aux difficultés qu'ils éprouvent dans l'exercice de leurs fonctions, « que souvent on emploie contre eux les menaces et les injures », le Conseil autorise tous les administrateurs, commissaires dans les différents districts, à faire mettre en état d'arrestation et traduire à la maison de détention de Versailles tous individus, marchands ou autres, qui, par des menaces, insultes et manœuvres quelconques, s'opposeraient directement ou indirectement aux réquisitions légales des commissaires chargés de pourvoir aux approvisionnements que les circonstances rendent si nécessaires, à l'enlèvement, transport et cir-

(1) Arch. de Seine-et-Oise. Registre des délibérations du Conseil général.

culation des subsistances, et à l'exécution des lois des 4 mai et 1er juillet, pour ensuite être lesdits individus traduits devant les tribunaux conformément aux lois.

En même temps, d'autres difficultés surgissaient. Un Comité de Salut public s'était formé à Versailles, au-dessus de toute autorité régulièrement constituée. Composé des éléments les plus violents, il recevait directement les instructions et les pouvoirs du Comité de Sûreté générale de Paris et prétendait imposer ses volontés aux administrateurs du département. Ceux-ci osèrent résister. Mais, le 9 août, ils reçurent une lettre de ce comité versaillais, leur transmettant un arrêté du tout-puissant Comité de Sûreté générale, qui leur intimait l'ordre de se soumettre et, tout d'abord, de se dessaisir du dossier d'une affaire Bellecôte, de la commune de Buc. C'était justement Lavallery qui, depuis le 21 juillet, avait été nommé commissaire dans cette affaire et s'occupait de l'instruire. Il s'éleva énergiquement contre l'intrusion de ce comité sans pouvoirs légaux et contre les pouvoirs illimités que le Comité de Sûreté générale voulait lui attribuer (1). Le Conseil général, approuvant unanimement Lavallery, le chargea, avec son collègue Germain, de se rendre devant le Comité de Sûreté générale pour y demander le retrait de l'arrêté du 9 août.

Nous voici loin de Mme Du Barry. Mais ne voit-on pas combien peu Lavallery devait être alors d'humeur à courtiser l'ancienne favorite royale — à supposer qu'il y eût jamais songé — et combien il était peu en état de la protéger efficacement! N'est-il pas évident qu'il n'aurait pas eu grand crédit auprès du Comité de Sûreté générale, après les dénonciations dont il était l'objet et les multiples difficultés de ses fonctions d'administrateur! Cependant, c'est à ce moment que la « citoyenne Dubarry » paraît triompher de ses ennemis. Le 7 août, le Directoire du département avait expédié à la Convention le rapport du District, le procès-verbal de Rotrou et Pellé, les pétitions des habitants de Louveciennes, et, le 13 août, le Comité de Sûreté générale rendait l'arrêté suivant (2) :

Le Comité, délibérant sur la pétition présentée par la citoyenne Dubarry

(1) Arch. de Seine-et-Oise.

(2) Vatel, Pièces justificatives, t. III, p. 448.

à la Convention nationale, et renvoyée audit Comité pour y faire droit par décret du 5 juillet dernier;

Vu les informations et procès-verbaux dressés tant par les commissaires du département de Seine-et-Oise, que ceux du district de Versailles, en date des 1er, 7 et 13 juillet dernier;

Considérant qu'il résulte desdites informations et procès-verbaux qu'il n'y a aucun reproche fondé à faire ni contre la citoyenne Dubarry, ni contre les personnes attachées à son service;

Qu'il y a plus de 50 habitants de la commune de Louveciennes qui ont déposé en faveur de ladite Dubarry;

Arrête que la citoyenne Dubarry sera remise en liberté, ainsi que ses domestiques et gens à ses gages qui auraient pu être arrêtés soit à Louveciennes ou dans l'étendue du département de Seine-et-Oise, suivant l'indication qui en sera faite par ladite citoyenne Dubarry.

Le Comité arrête également que la citoyenne Dubarry, ensemble ses propriétés, resteront sous la sauvegarde immédiate du département de Seine-et-Oise et sous la surveillance des officiers municipaux de Louveciennes, conformément aux lois qui protègent la sûreté des personnes et le respect dû aux propriétés.

(Signé) JULIEN DE TOULOUSE, LANOT, ALQUIER, BAZIRE.

Mme Du Barry avait donc complètement gain de cause. Le devait-elle en partie à quelques influences secrètes? — Nous l'ignorons; mais il semble qu'avant tout, cet arrêté dut être le résultat de l'examen de son dossier, c'est-à-dire, d'abord des pétitions et attestations de la plupart des habitants notables de Louveciennes, du mémoire très détaillé de Labondie, puis du rapport favorable du District et du procès-verbal dressé par Rotrou et Pellé. Quant au Directoire ou au Conseil général du département, quant à Lavallery personnellement, il n'apparaît pas qu'ils aient été les inspirateurs, même occultes, de cet arrêté du 13 août. La prudente réserve observée par eux précédemment serait d'ailleurs en contradiction avec l'hypothèse d'une initiative quelconque de leur part.

IX

Arrivons maintenant au dernier acte du drame.

Mme Du Barry, avec sa légèreté habituelle, se croit délivrée de tout danger et ne songe qu'à reprendre sa vie insouciante à Louveciennes, entourée de sa petite cour, et adorée du duc de Rohan-Chabot, dont on se rappelle la lettre passionnée du 7 septembre. Bonne fille d'ailleurs, charitable, généreuse pour ses serviteurs, son premier soin, en recevant l'avis de l'arrêté du 13 août, notifié le 16 à l'Administration départementale, est d'écrire, le jour même, à Versailles (1), pour réclamer la mise en liberté d'un de ses domestiques nommé Gouy, emprisonné à la maison d'arrêt de la ville.

Justement à cette même époque, que devient Lavallery? — Il avait été nommé commissaire chargé de recouvrer à Mantes le paiement de l'emprunt forcé destiné au service des indemnités allouées aux familles des volontaires partis à la frontière ou en Vendée. Les habitants de Mantes refusaient de payer. Lavallery s'y transporte, trouve la municipalité en rébellion ouverte contre la loi, et soutenue dans sa résistance par les deux députés de la Convention, Roux et Bonneval, commissaires aux subsistances, dont on connaît déjà l'hostilité contre le département. Le 17 août, sur le rapport de Lavallery, le Conseil général ordonne aux maire et procureur du district de Mantes de venir expliquer leur conduite (2). Le 19, le Conseil du district répond par un refus catégorique. Le 21, le Conseil général, sous la présidence de Lavallery, prend un arrêté longuement motivé, ordonnant que « le citoyen Goujon, procureur général-syndic, se rendra sur-le-champ auprès du ministre de l'Intérieur, du Comité de Sûreté générale, et, s'il est nécessaire, auprès de la Convention elle-même, pour leur faire part de la conduite criminelle de la commune et du district de Mantes », et en obtenir justice. Le 29, troisième arrêté très énergique du Conseil général, qui, après avoir rappelé l'origine et les circonstances de l'affaire, et flétri sévèrement les administrateurs de Mantes, annule leurs délibérations, les suspend de leurs fonctions, pourvoit à leur remplacement provisoire, ordonne leur arrestation et les déclare personnellement responsables du paiement des indemnités à payer aux familles des volontaires. En réponse, le même jour, 29 août, les deux députés Roux et Bonneval, en vertu de leurs pouvoirs discrétionnaires, cassent et annulent les arrêtés du Conseil général. Le 31, le Conseil général, à son tour recevant par un gendarme notification de cette étrange décision des deux députés, déclare, dans un quatrième arrêté, que l'acte des représen-

(1) Arch. de Seine-et-Oise, série Q, Papiers Du Barry.

(2) *Ibid.* Registre des délibérations du Conseil général.

tants Roux et Bonneval n'a pu changer les résolutions des 17, 21 et 29, y persiste, et ordonne que le procureur général se rendra dans la journée même à Paris, au Comité de Sûreté générale, pour demander la cassation de leur arrêté. La Convention donne raison à l'Administration de Seine-et-Oise, mais on devine la colère et la violente rancune des deux conventionnels. Désormais, c'est une guerre à mort entre eux et le Directoire du département. Or, Roux était un ennemi perfide et redoutable ; ancien prêtre défroqué, il s'était fait remarquer au Comité de Salut public par sa violence ; courtisan de Robespierre, il votait toujours pour lui, ce qui ne l'empêcha pas, plus tard, de devenir thermidorien acharné, puis attaché à la police de Fouché, et de finir sa carrière sous l'Empire, comme sous-préfet à Laon. Ce triste personnage ne devait pas tarder à se venger cruellement des administrateurs de Seine-et-Oise, et surtout de Lavallery, qui avait eu personnellement le courage de lui tenir tête à Mantes. Celui-ci le prévoyant, chercha d'abord à se mettre à l'abri. Le 2 septembre, il se fit nommer commissaire auprès du 4e bataillon de volontaires partant pour la Vendée, et il demanda de suite « l'expédition de ses pouvoirs ». Mais plusieurs de ses collègues objectèrent que, dans les graves conjonctures où se trouvait le département, l'Administration « ne pouvait se priver d'un membre qui, par son courage et son activité, rendait les plus grands services à la chose publique ». Après longue discussion, le départ de Lavallery fut ajourné, et le bataillon partit sans lui.

Bientôt, on apprend que, par deux lettres du 4 septembre (1), Roux et Bonneval ont dénoncé les administrateurs de Seine-et-Oise au Comité de Salut public, comme coupables d'avoir ordonné l'arrestation des membres du district de Mantes. Puis, sous la même inspiration probablement, la Société populaire de Versailles adresse à la Convention une pétition demandant le renouvellement des corps administratifs de Seine-et-Oise, c'est-à-dire implicitement la révocation du Directoire (2). Le 12 septembre est publié et affiché un rapport de Roux, accusant l'Administration de vouloir affamer Paris en arrêtant les expéditions de blé. Les 13, 14,

(1) Arch. nat., A F I I, 168. — *Actes du Comité de Salut public*, par Aulard, t. VI, p. 276.

(2) Registre des délibérations du Conseil général.

15 septembre, le Conseil général, sous la présidence de Lavallery, proteste vivement contre ces diverses accusations, rédige une adresse à envoyer à la Convention, discute les meilleures mesures à prendre pour pourvoir aux subsistances dans l'intérêt commun de la capitale et du département. Pendant ce temps, voici ce qui se passe à la séance de la Convention du 15 septembre (1) :

Roux demande et obtient la parole pour dénoncer l'Administration du département de Seine-et-Oise, qui s'est opposée aux réquisitions que lui et ses collègues, commissaires de la Convention, ont faites pour les subsistances dans ce département, et *demander la destitution de trois des administrateurs* (Lavallery, Lecouteux et Charbonnier).

Une discussion s'engage; Thuriot conteste l'opportunité de cette destitution; Jean Bon-Saint-André, au contraire, en soutient l'urgence :

... Les manœuvres qui se font, dit-il, dans le département de Seine-et-Oise ne peuvent avoir pour but que de nourrir les armées de Pitt et de Cobourg en exportant les grains. Les trois administrateurs dénoncés, et surtout ce Lecouteux de la Noraye, bien moins sensibles aux besoins de la patrie qu'à la cupidité et à l'ardeur de s'enrichir de sa misère, ont favorisé ces manœuvres. Les commissaires ne les ont pas destitués, la Convention doit faire ce qu'ils n'ont pas fait. Je demande donc leur destitution.

THURIOT. — S'il y a conviction contre ces administrateurs, il y a pusillanimité dans la mesure qu'on vous propose; car s'il y a des exportations, au mépris de la loi, il existe un délit punissable de mort. Je demande donc l'arrestation et un nouveau rapport, pour savoir s'il y a lieu au renvoi au Tribunal révolutionnaire.

Là-dessus, voici le décret de la Convention du 15 septembre 1793 :

La Convention nationale, après avoir entendu le rapport de ses commissaires Roux et Bonneval, envoyés dans le département de Seine-et-Oise pour l'approvisionnement des subsistances de Paris, sur les manœuvres et abus d'autorité des citoyens Lavallery, Lecouteux et Charbonnier, membres du Directoire du département de Seine-et-Oise, relatives aux subsistances de Paris, décrète :

Article 1er. Les citoyens Lavallery, Lecouteux et Charbonnier, membres du Directoire du département de Seine-et-Oise, sont destitués et seront mis en état d'arrestation.

(1) *Moniteur* du 18 septembre 1792, p. 1107.

Le lendemain, 16 septembre, le Conseil général, réuni à Versailles, ému et indigné de ce décret rendu sans que les accusés aient été appelés à se défendre, rédige une adresse de protestation à porter à la Convention et décide que les trois administrateurs, ainsi injustement frappés, se présenteront à la barre de la Convention, escortés de tous leurs collègues, faisant cause commune avec eux et réclamant de partager leur sort. Le 17 septembre, en effet, cette courageuse députation versaillaise est admise devant la Convention, et l'un de ses membres lit son énergique protestation contre le décret du 15 septembre, dont elle demande l'annulation. Un autre, nommé Charpentier, ajoute que son propre nom doit être substitué dans le décret à celui de Charbonnier, qui n'a eu aucune relation avec Roux et ne s'est pas occupé des subsistances. Roux réplique qu'il n'a commis aucune erreur et maintient ses accusations. Saint-André l'appuie, en s'écriant que « le ton menaçant et les expressions hardies de la pétition doivent exciter l'indignation ». Haussmann et Thuriot essayent pourtant d'excuser l'Administration de Seine-et-Oise, dont le patriotisme est connu. Mais Robespierre lui-même prend la parole pour demander la punition de ce département, dont « le ton hardi et menaçant est, dit-il, le prélude des attentats des fédéralistes ». Sur ce, la Convention improuve la pétition, renvoie les pétitionnaires et maintient son décret d'arrestation contre Lavallery, Lecouteux et Charbonnier.

X

Revenons maintenant à Mme Du Barry. Au milieu de ces graves incidents, alors que Roux poursuit de sa haine rancunière les administrateurs de Seine-et-Oise et surtout Lavallery, alors qu'il cherche contre eux tous les motifs de dénonciation, les accuse d'abus d'autorité, d'arrestations illégales, de manœuvres pour affamer Paris, même d'exportation des grains, on ne rencontre pas un seul mot sur leurs relations avec le château de Louveciennes. Cependant, les ennemis de Mme Du Barry n'avaient pas désarmé. Greive, malgré l'arrêté du 13 août, n'avait pas cessé de réitérer ses dénonciations au Comité de Sûreté générale, et il allait bientôt réussir. Dès lors, il semble bien que si Roux avait trouvé de ce côté quelque grief à faire valoir contre Lavallery et l'Administration du département, il n'y eût pas manqué. C'est qu'il n'y avait rien à en dire.

Or, le 21 septembre 1793, cinq semaines après l'arrêté qui avait rejeté comme mal fondées les dénonciations de Greive, en ordonnant la mise en liberté de Mme Du Barry et la levée des scellés apposés chez elle, le Comité de Sûreté générale en rend un autre qui, au contraire, admet comme justifiées ces mêmes dénonciations, ordonne l'arrestation de « la femme nommée Dubarry » comme « suspecte *d'incivisme et d'aristocratie* », et charge de cette opération le citoyen Greive lui-même, à qui 3,000 livres sont allouées pour ses frais. Le lendemain 22, Greive procède bien vite à l'arrestation, à l'apposition des scellés, à une perquisition minutieuse, et la pauvre femme est écrouée à la prison de Sainte-Pélagie. Stupéfaite de se voir à la merci de ce Greive, son ennemi déclaré, Mme Du Barry adresse, le 2 octobre, de sa prison, aux administrateurs de Seine-et-Oise une longue lettre leur rappelant que, par l'arrêté du 13 août, elle avait été mise, ainsi que ses biens, sous leur sauvegarde, protestant contre la persécution dont elle est l'objet, et invoquant « leur justice et leur humanité ». Au verso de cette pétition, une main inconnue écrit : *Rien à faire* (1). Le Directoire du département persistait dans la ligne de conduite essentiellement prudente adoptée précédemment par lui.

Pendant ce temps, qu'était-il advenu, depuis le 17 septembre, des trois administrateurs décrétés d'accusation? — Lecouteux et Charbonnier seuls avaient été immédiatement arrêtés, Lavallery avait disparu. Dès le 18 septembre, sur un rapport du Comité de Sûreté générale, la Convention reconnut qu'il y avait eu erreur en ce qui concernait Charbonnier, qui ne s'était jamais occupé des subsistances, et ordonna sa réintégration dans ses fonctions d'administrateur (2). Lecouteux restait en prison, et, deux mois après, le 28 novembre (3), un nouveau Conseil général, installé à Versailles, chargeait deux de ses membres de renouveler des démarches pour obtenir sa mise en liberté. Il sortit de

(1) Vatel, t. III, p. 208.

(2-3) Arch. de Seine-et-Oise. Registre des délibérations du Conseil général.

prison, en effet, mais nous ne savons à quelle date, car nous ne retrouvons sa trace qu'en 1795, à Livry, où il préside alors une assemblée primaire.

Et Lavallery, qu'était-il devenu? — On l'ignorait, lorsque le 3 octobre, un cadavre trouvé dans la Seine par des pêcheurs, près du port de la Rapée, fut apporté au commissariat de police de la section des Quinze-Vingts (1). Des papiers à demi pourris par l'humidité, restés dans les poches du noyé, établirent tout de suite que c'était le corps du citoyen Lavallery, administrateur de Seine-et-Oise, chargé du recensement des grains. Le commissaire de police remarquant que le malheureux n'avait sur lui ni argent, ni montre, ni tabatière, ni mouchoir, en conclut qu'il avait été attaqué, dévalisé et jeté à la rivière par des malfaiteurs. Le corps fut porté à la Morgue et reconnu, le 5 octobre, par deux parents du défunt. Le Conseil du district, jugeant, d'après les constatations du commissaire, que Lavallery avait été assassiné à l'occasion de l'exercice de ses fonctions aux environs de Paris, décida de lui rendre des honneurs publics et d'envoyer une délégation à ses funérailles. Mais, sur ces entrefaites, un citoyen mieux informé apprit au Conseil que ce Lavallery était « sous le coup de la loi », comme « fédéraliste ». Bien vite, on rapporta l'arrêté relatif aux honneurs funèbres et l'on ordonna d'inhumer immédiatement le cadavre dans le cimetière le plus proche (2).

Telle fut la fin de Lavallery. Avait-il été dévalisé et assassiné par des rôdeurs? Ou bien s'était-il noyé volontairement pour échapper au Tribunal révolutionnaire et à la guillotine? — Les deux conjectures sont possibles. Sa disparition, au moment où il devait être arrêté ainsi que Lecouteux et Charbonnier, peut donner quelque vraisemblance à la deuxième hypothèse. Mais, dans tous les cas, il est clair qu'aucune corrélation ne saurait exister entre cette mort tragique, volontaire ou non, et l'arrestation de Mme Du Barry, malgré la coïncidence approximative des dates. Il résulte en effet, incontestablement, des actes officiels, que Lavallery avait été dénoncé avec ses deux collègues, par Roux, le 15 septembre, dans les circonstances que l'on connaît, pour des actes absolument étrangers à Mme Du Barry, et

(1) Vatel, t. III, p. 211 et suiv.
(2) Ibid.

que celle-ci, de son côté, fut arrêtée le 22, sur des dénonciations n'ayant aucun rapport avec les faits reprochés à Lavallery. Bien mieux, ce dernier, pour échapper à une arrestation imminente, avait dû s'enfuir de Versailles et se cacher dès le 17 septembre. Peut-être même son suicide — s'il s'est noyé volontairement — remontait-il à ce jour. Quoi qu'il en fût, l'arrestation opérée à Louveciennes, à l'improviste, le 22, fut probablement ignorée de lui et ne put pas être la cause de sa mort.

D'autre part, peut-on supposer, comme on l'a fait, que si Lavallery avait été maintenu dans ses fonctions d'administrateur, il aurait empêché le Comité de Sûreté générale de rendre l'arrêté du 21 septembre, ou tout au moins aurait essayé de sauver Mme Du Barry? — Il suffit de se rappeler sa réserve extrême, sinon son indifférence, à l'égard des réclamations, même les plus instantes, de la dame de Louveciennes, pour avoir la conviction que Lavallery se serait bien gardé de se compromettre par la moindre démarche en sa faveur. Violemment attaqué pour son compte personnel devant le Comité de Sûreté générale, il avait assez à faire de se défendre lui-même, pour ne pas songer à prendre la défense d'une femme aussi notoirement suspecte. En supposant, par hypothèse, qu'il ait eu un moment la curiosité d'adresser quelques galanteries, ou même de faire la cour à Mme Du Barry, les inquiétantes dénonciations de Blache du mois de juin et la lettre sévère du Comité de Salut public du 1er juillet l'en auraient détourné pour jamais. Aussi doit-on penser que sa constante abstention dans les affaires de Louveciennes, en juillet et août, ne se serait pas modifiée en septembre, au moment où le Comité de Sûreté générale déclarait « la femme Dubarry suspecte » et la faisait emprisonner.

XI

Le procès de Mme Du Barry devant le Tribunal révolutionnaire est bien connu. Toutes les pièces en ont été publiées par Vatel. Il n'y a pas à y revenir. Elle fut condamnée le 17 frimaire (7 décembre 1793), et l'exécution fut ordonnée par l'arrêt pour le lendemain matin 18 frimaire. Mais la malheureuse femme, affolée de terreur, espérant obtenir sa grâce, demanda à faire des révélations. Certains historiens, les Goncourt, Louis Blanc et autres, ont écrit qu'elle dénonça un grand nombre de personnes. Vatel a rétabli la vérité en publiant le procès-verbal même de la déclaration reçue d'elle le 18 frimaire, à dix heures du matin, et l'on y voit qu'elle ne fit que révéler quelques cachettes où elle avait fait placer de l'argenterie, des bijoux et des objets d'art. Le même jour, à quatre heures et demie du soir, elle fut exécutée.

On sait que la pauvre Du Barry montra, au moment de mourir, moins de courage que la plupart de ceux et de celles qui subirent le même sort qu'elle. Là encore, elle n'eut pas du tout l'attitude résolue d'une conspiratrice ayant d'avance fait le sacrifice de sa vie.

Les côtés mystérieux et romanesques de l'histoire de Mme Du Barry, si habilement présentés par son dernier biographe, s'éclaircissent donc et se simplifient beaucoup par l'examen des pièces mises à la disposition du public aux Archives de Seine-et-Oise. La réalité du vol des bijoux de Louveciennes ne peut plus être douteuse; les dénonciations, les poursuites faites pour le compte et à la requête de Mme Du Barry, contre les voleurs et leurs complices présumés, n'ont pas été une comédie; les diamants saisis à Londres n'ont pas disparu mystérieusement; les quatre voyages en Angleterre s'expliquent facilement par les démarches et les procès qui furent les conséquences du vol, tandis que la supposition d'un complot se heurte aux plus grandes invraisemblances.

D'autre part, la bienveillance des administrateurs de Seine-et-Oise et le dévouement de Lavallery pour la châtelaine de Louveciennes sont contredits par leurs actes. Non seulement le Directoire du département n'a pas fait lever les scellés apposés chez elle, mais c'est lui qui en a ordonné l'apposition, et, malgré les plus instantes réclamations pendant plusieurs mois, il n'en a jamais ordonné la levée. Non seulement il n'a pas fait mettre en liberté Mme Du Barry, lorsque la municipalité de Louveciennes l'a mise en état d'arrestation, mais il a refusé catégoriquement de le faire et a ordonné qu'elle resterait dans le même état, en renvoyant à la Convention le soin de décider. L'arrêté du 13 août, qui l'a mise en liberté, a été rendu par le Comité de Sûreté générale de Paris et non par le Directoire de Seine-et-Oise, alors que celui-ci était déjà en hostilité avec les commissaires de la Convention, à propos des subsistances. Quant à Lavallery, son unique lettre à Mme Du Barry, du 17 mai 1793, prouve en premier lieu qu'il ne l'avait jamais vue jusqu'alors, et ses promesses, sous une forme aimable, n'étaient guère sérieuses, puisque jamais le Directoire ne fut même saisi par lui de la demande de levée de scellés dont il assurait la prochaine solution. En outre, si, à la fin de juin, il fut dénoncé pour avoir fourni un certificat de résidence à Mme Du Barry et avoir accepté de dîner chez elle, la lettre du Comité de Salut public du 1er juillet, et l'absence de toutes dénonciations postérieures, prouvent que Lavallery en fut justifié et ne donna plus aucun prétexte à des soupçons du même genre. En juillet et août, on ne voit aucun indice de relations entre Louveciennes et Lavallery, et ce n'est pas lui qui est nommé commissaire sur la demande d'enquête adressée au Département par le Comité de Sûreté générale. Enfin, lorsqu'en août et septembre, Lavallery est violemment attaqué devant la Convention, c'est à propos de ses fonctions de commissaire aux subsistances, et le décret du 15 septembre qui prononce sa destitution et ordonne son arrestation ne fait aucune allusion à des relations suspectes. Il est donc impossible de rattacher d'une façon quelconque la mort tragique de Lavallery à l'arrestation de Mme Du Barry.

VERSAILLES. — IMP. AUBERT 6, AVENUE DE SCEAUX

www.ingramcontent.com/pod-product-compliance
Ingram Content Group UK Ltd.
Pitfield, Milton Keynes, MK11 3LW, UK
UKHW020352220726
13923UKWH00004B/1615